横田富信
YOKOTA TOMINOBU

研究主任の仕事

東洋館出版社

はじめに

本書を手にされた方は次のいずれかではないでしょうか。

①研究主任になることが決まった。
・自分に務まるか不安がある。
・役職を任され、モチベーションが高まっている。
・何をすればいいのかヒントを得たい。

②すでに研究主任として校内研究に携わっている。
・研究発表会を控えていて、ポイントを知りたい。
・校内がなかなかまとまらず、悩んでいる。
・校内研究がさらに向上するヒントを得たい。

③研究主任ではないが、「研究主任」に関する情報を得たい。
・研究部になったので、研究主任が何をするのか知り、協力したい。
・「もし自分だったら」という視点をもって、校内研究を進めたい。

本書は「HowTo」の側面と「『研究主任』という役割と仕事との向き合い方」の側面という、大きく２つの視点から執筆しています。

研究主任には、進行管理などのマネージャー的要素と、授業改善に関わるリーダー的要素が必要です。ただ私は、自ら先頭に立ち、先生方を引っ張っていくタイプのリーダーではありません（拙著『黒子先生の見えざる指導力』東洋館出版社、2020年）。伴走者タイプのリーダーです。そんな私も10年近く、研究主任という役職を務めてきました。うまく行かず悩むこともありましたが、2023年度には社会科の全国大会で研究成果を発表する機会にも恵まれ、多くの学びを得ることができました。

研究主任は確かにたいへんですが、間違いなく教員としての自分自身を成長させてくれると確信しています。本書がその一助になりましたら幸甚の至りです。

令和７年３月吉日　横田　富信

目次

第3章　研究主任の仕事を充実する具体策を知る

第1章

研究主任として最初に知っておきたいこと

研究主任を任されることの意味を考えてみる

❶ 現在の自分はどのような立場の教員なのかを考える。
❷ 研究主任としての「自分」を思い描く。
❸ 研究主任としての長期的な目標をもつ。

1 研究主任としての「目的意識」をもつ

本書を手に取られたみなさんは、「研究主任」を拝命したか、近い将来そうなるだろうことを打診された方だと思います。

「よし！　研究主任としてがんばろう！」というポジティブな気持ちをもてる方がいる一方で、「どうして自分が指名されたんだろう。もっとふさわしい先生もいると思うんだけど…」などと消極的な気持ちが先行してしまう方もいるかと思います。

「校内研究」に対しても、さまざまな立場の人がさまざまな思いや考えをもっています。

管理職の先生方であれば、「校内研究を通じて教員の授業力の向上を図りたい」「研究発表を通して、地区の学力向上に寄与したい」と考えているかもしれません。

主幹の先生方であれば、「学年内、学年間の連携を強めてほしい」、学級担任や専科の先生方であれば、「授業力を高めたい」「子どもたちが、より主体的に学べるようにしたい」と考えているかもしれません。

また「地域・保護者」であれば、先生方が学んでいる様子を知ることで学校への信頼を高めてくれるかもしれません。

その一方で、「校内研究を行うことでどれだけ効果があるのか」「毎日忙しすぎて研究に時間を割く余裕はない」と受け止める方もいるかもしれません。

このように、校内研究に対するさまざまな考えがあることを踏まえつつ、「『自分』はなぜ、研究主任を任されることになったのか」を考えることが大切です。「研究主任としての目的意識」をもつことにつながるからです。この「目的意識」が明確になれば、仕事を通じて「研究主任としての成果とは何か」「そのための課題は何か」がだんだんと見えてくるようになります。

2 校内での「自分の立ち位置」を振り返る

経験年数を踏まえつつ、自分の専門領域、得意なことや苦手なことを視点に、校内での「研究主任の立ち位置」について考えてみます。

1 中堅教員の場合

教科等の研究会であれば、専門性を同じくする者同士が集まって研究するので、およそ基本的な考え方が共有されていることでしょう。それに対して校内研究の場合には、研究対象とする教科等によって、専門性の高い教員もいればそうでない教員もいます。そのため、研究対象とする教科等の基本的な考え方が、すべての先生方の間で共通理解されているわけではありません。

仮に校内で理論的な枠組みができていたとしても、不備がある可能性もあります。この点に鑑み、中堅教員に対しては、ご自身が積み重ねてきた専門性への知見やコミュニケーション力を存分に生かし、校内研究を通して教員同士のポジティブなつながりをつくり、専門性を引き上げ、教育活動のさらなる充実を図ることが期待されていると考えてよいでしょう。

資料1　自分の得意なことと苦手なこと

	得意	苦手
教科・領域		
関わり		
その他		

2 若手教員の場合

初任校や2校目で研究主任に指名されたのであれば、これからの職能成長に期待し、職場内でのリーダーシップやマネジメント能力を身に付けていってもらいたいという管理職の願いが込められていると考えられます。

「立場が人をつくる」と言います。学校での子どもたちの様子を観察していても、同じことが言えるように思います。子どもたちもまた「リーダーに向いている子しかリーダーができないのではなく、リーダーの役目を担うことでリーダーになっていける」からです。研究主任についても同様に「研究主任の役目を担うことで、研究主任としての力量を形成できるようになる」のです。

また、ポジティブな若手の働きぶりは職場の活性化にもつながります。こうした期待も込められていることでしょう。

3 自分の得意なこと・苦手なこと

自身の経験年数や周囲の期待を踏まえつつ、自分の得意なことと苦手なことを表（資料1）に書き出してみましょう。

これは、自分の強みと弱みを把握し、周囲の先生や事柄とどう関わっていくかを考えるヒントを得ることが目的です。この作業を通して、自分が目指す研究主任の姿を描いてみることをお勧めします。

3 研究主任としてつまずきを感じたら

校内研究は、先に述べたようにさまざまな立場の人が関わるので、校内研究に対する思いや考えもさまざまです。こうしたことから、研究主任の努力と校内研究の成果が、必ずしも比例しないこともあり得ます。

うまくいかない要因は一つとは限りませんし、要因がわかったからといって、努力だけで解決できないこともあります。そのような意味で、研究主任は孤独な思いを味わうこともあるかもしれません。そのようなときにも、長期的な視点で「自分にとって研究主任を務めるメリット」を自分なりにもっておくことが大切です。

「大変ななかで研究主任をやり遂げれば、自分には校内研究体制を改善する力が身に付くだろう」

「校内研究を通してさまざまな思いをもっている先生方と連携できるようになったら、自分のリーダーシップがさらに高まるだろう」

このようなメリットを見いだすことができれば、自分自身が教員として長期的に成長していけるイメージをもてるようになります。そうすれば、短期的には成果が上がらなかったとしても前向きな気持ちで仕事を続けられます。のみならず、このような前向きな気持ちと取組の継続によってこそ、校内研究は充実していくのです。

4 自分の得意分野を生かす

研究主任として熱意をもっていることはとても大切なことですが、誰しも得意・不得意があります。そうした「得意」と「苦手」を踏まえ、「自分の力の発揮どころはどこか」「誰に任せ、誰に頼るのが適切か」を考えることが大切です。

校内研究の方向性①

「新しい教育」の動向を探る

❶「新しい教育」の動向を探る。
❷「新しい教育」の動向を、勤務校の課題と紐付ける。
❸新しいキーワードは、具体の授業をイメージできる表現に置き換える。

1 「新しい教育」の動向に目を向ける理由

校内研究は、子どもの実態を踏まえ各種の教育活動の改善を目指すだけでなく、究極的には教員一人一人の資質・能力の向上をも目指して行うものです（教育基本法第９条、教育公務員特例法第21条など）。

校内研究を推進する際、気を付けておくことがあります。それは、「教育活動の改善」や「教員一人一人の資質・能力の向上」を、ミクロな視点で進めようとしてしまうことです。それでは、表面的な研究になってしまうおそれがあります。

そうならないようにするためには、マクロな視点（現在の日本の教育が目指していること）をもつことが大切です。

具体的には、次のキーワードが挙げられます（「2024年に注目の教育キーワード10選」、WEB版『日本教育新聞』）。

・教育現場へのAIへの導入
・教員の働き方改革
・不登校、いじめへの対応

・主体的、対話的で深い学びの推進
・個別最適な学びと協働的な学びの一体的な指導の在り方　など

こうしたなかから、直接的に「子どもの資質・能力向上」につながりそうな課題に目を向けます。といっても、「不登校、いじめへの対応」といった課題を取り上げてはいけないということではありません。最初の段階ではまず「学習のあり方に視点を置きましょう」ということです。

2 学習指導要領や中教審答申などから「新しい教育」の動向を探る

小学校学習指導要領（2017年告示）では、授業改善の視点として「主体的・対話的で深い学び」が示され、各教科等において子どもたちが「見方・考え方」を働かせて学ぶ重要性が強調されました。

小学校社会科であれば「社会的事象の見方・考え方」として、以下が示されています（文部科学省「小学校学習指導要領解説 社会編」18頁の記載をもとに作成）。

・位置や空間的な広がりに着目する―どのような場所にあるか、どのように広がっているかなど、分布、地域、範囲など。
・時期や時間の経過に着目する―なぜ始まったのか、どのように変わってきたのかなど、起源、変化、継承など。
・事象や人々の相互関係に着目する―どのようなつながりがあるか、なぜこのような協力が必要かなど、工夫、関わり、協力など。
・どのような違いや共通点があるかなどと、比較・分類したり総合したりして考えたり選択・判断したりする。
・どのような役割を果たしているかなどと、地域の人々や国民の生活と関連付けたりして、考えたり選択・判断したりする。

こうした「見方・考え方」を働かせることで、本質的な学びを促すことが必要だとされています。

また、2021年に中央教育審議会が答申した「『令和の日本型教育』の構築を目指して～すべての子供たちの可能性を引き出す、個別最適な学びと、協働的な学びの実現～」（以下「令和答申」という）では、「個別最適な学びと協働的な学びの一体的な充実」の重要性が示されました。これは、一人一人が自立した学び手となることを目指し、どのようにして授業を学習者主体にするのかを問うものでもあります。

ここまで挙げたこと以外にも教育課題はたくさんありますし、勤務校で優先すべきだとされる課題もあるでしょう。そうした諸課題に目を向けながらも、公教育を担う公立学校である以上、国が示す教育の動向に意識を向けておく必要があります。

こうしたマクロな視点から勤務校の課題を考えていくことが、校内研究の目的を明確にするうえで重要です。

3 研究主題に「新しい教育」を盛り込む場合には、勤務校の課題を紐付ける

研究主題に「新しい教育」を盛り込む場合には、勤務校の課題を紐付けます。「個別最適な学びを実現する授業づくり」を研究主題に据えるのだとしたなら、例えば、副主題には「ICT機器を有効活用して振り返りを充実する」とするなど、具体的に何について研究していけばよいのかがわかるようにするということです。

もし、こうした副主題を設定することなく、研究テーマが壮大で、抽象度が高いままだと、校内研究が立ち行かなくなります。「何をもって個別最適とするのか」教員によってイメージが異なるだろうからです。

例えば「一人一人が自分で調べてまとめる授業にすればいいはずだ」といったとらえになってしまえば、授業研究が表面的な方法論の研究になってしまうでしょう。

また、国が示した新しいキーワードを使うこと自体は望ましいのですが、いずれも抽象度が高いので、「どのように言葉を置き換えれば先生

方が授業イメージをもてるか」を明らかにすることも併せて必要となります。

私が以前勤務していた学校では、「主体的・対話的で深い学び」を取り上げることになりましたが、このうち「対話的な学び」にフォーカスし、研究推進委員を中心にして「子どもたちのどのような姿が見られたら、学びが対話的になっているとみなせるか」について話し合い、最終的に「自分を役立てようとする子どもの育成」を研究主題にすることにしました。

これは、「対話的な学び」を「自分が考えたことを相手に役立ててもらえる」「相手の考えが自分の考えを深めることにつながる」といった「双方向の関わりが成り立った状態だ」と解釈した結果です。

加えて、「自分を役立てようとする子ども」には「自己有用感」「自己効力感」を得ている子どもの姿を想定していました。このように、国が示した教育の動向に基づき、「子どもの自分の考えを役立たせることを通して学びを深め、学ぶ意欲を高める」研究にしたわけです。

この後の節では、学校の実態を踏まえた校内研究の方向性について述べていきますが、どのような言葉を研究主題に据えるにせよ、「自校の取組は、教育の動向のなかでどのような位置付けとなるのか」「どのような点で、教育活動の充実につながるのか」を常に意識することが大切です。それいかんで、校内研究としてのアウトプットの質が大きく変わってくると言ってよいでしょう。

〈参考文献〉

・「2024年に注目の教育キーワード10選」、WEB版『日本教育新聞』https://www.kyoiku-press.com/post-266992/（最終アクセス　2024.8.26）
・文部科学省『小学校学習指導要領解説 社会編』（2018年、日本文教出版）

校内研究の方向性②

学校としての課題を明らかにする

❶ 勤務校の課題と教育の動向との関連を考える。

❷ 学校の実態を多面的に分析する。

❸ 「教育の動向」と「学校の実態」とのギャップをとらえる。

1 勤務校の課題と教育の動向との関連を考える

日々、子どもたちと接していると、さまざまなよさを目にしつつも、いろいろな課題を見いだしていると思います。

学力に関わる課題であれば、「考えを書くことが苦手である」「文章問題を読んでも式に表すことができない」「四則計算が身に付いてない」「資料から必要な情報を見付けることができない」といったことなどが挙げられます。

生活に関わる課題であれば、「話を最後まで聞けない」「宿題を忘れる子が多い」「あいさつする声が小さい」「時刻を意識して生活できていない」といったことなどが挙げられるでしょう（子どもたちの課題というと、生活面のほうが目につきやすいかもしれません）。

校内研究として取り組むうえで優先度の高いのは、前節で述べたように前者であり、「将来にわたって能動的に学び続ける子ども」を育成することです。

そこでまず、勤務校の課題を明確にしたうえで、学習指導要領や令和答申で目指されている学びとの関連性を見いだしつつ、校内研究の方向性を決めていくとよいでしょう。

2 学校の実態を多面的に分析する

研究主題を見いだすことを目的として、子どもたちに意識調査（アンケート）を行う学校も多いと思います。私の前任校である世田谷区立経堂小学校においても、積極的に取り入れていました。

経堂小では「論理的思考」に重点を置き、「さまざまな情報をもとにして筋道を立てて表現する方法」を国語科で学び、それを他教科で活かすという校内研究を進めていました。

この研究を通して一定の成果を見いだしていましたが、前年度の成果と課題を踏まえて、主に次の３点についてアンケートを取り、改めて学校の実態を数値化しました（平成29年４月実施）。

①学校で勉強するとき、自分の思ったことを友達にわかるように話している。
→77.0％が肯定的な回答、ただし高学年になるにつれて低下傾向

②学校以外の場所で、自分の思ったことをわかるように話している。
→75.1％が肯定的な回答、ただし高学年になるにつれて低下傾向

③クラスのことはみんなで一緒に考えて、いろいろ決めていきたい。
→93％が肯定的な回答

これらの結果から、子どもたちは「協働的な学び」への意識がとても高い一方で、「自分の考えが伝わっていないことへの不安」を感じていることが読み取れました。そこで、「将来にわたって能動的に学び続ける子ども」（学習指導要領の趣旨と方向性）との兼ね合いを意識しながら研究主題を吟味することにしました。

このように「教育の動向」と「学校の実態」との関連性を見いだそうとする検討であれば、アンケート結果のみをよりどころとして校内研究

の方向性や手だてを決めてしまうことなく、校内研究を通して本当に改善すべき課題を明らかにすることができます（資料2）。

3 「教育の動向」と「学校の実態」とのギャップをとらえる

現任校では、（前任校とは異なり）2023年度の全国小学校社会科研究協議会東京大会の会場校となっていたことから、東京都小学校社会科研究会の要請で研究主題が示されていたのですが、子どもの主体性を発揮する学習を軸に据え、「個別最適な学びと協働的な学びの一体的な充実」を意識して取り組むこととしました。

授業スタイルとしては、一斉指導型から子どもに委ねる「個別追究」にチャンレンジする研究です。校内研究の方向を決定するに当たっては、まず先生方と協議し、一斉指導型と個別追究型の学習スタイル双方のメリット・デメリットを出し合っています（資料3）。

これらを踏まえ個別追究型の学習スタイルを行うにあたってどのようなことが必要となるのかを検討しています（資料4）。

このような手続きを踏むことで、「教育の動向」と「学校の実態」とのギャップを明確にとらえることができるようになり、必要なこと（取り組むべきこと）と不必要なこと（取り組む必要のないこと）を明らかにしていったのです。

*

学校によっては「教育の動向」よりも、目の前の実態の改善に力を注ぐほうがよいように感じることもあるでしょう。しかし、目の前の課題にのみ依拠すると手段が先行してしまい、スキル育成や指導技術ばかり追い求める表面的な研究にしてしまうおそれがあります。

もし仮に、「自分の思ったことを友達にわかるように話している」ことが、その学校の課題なのだとしたら、例えば、国が示す「協働的な学び」に紐付け、「なぜ、いま、協働的な学びが必要とされているのか」といった視点から公文書等を紐解き、学校の課題と関連付けて検討して

資料2

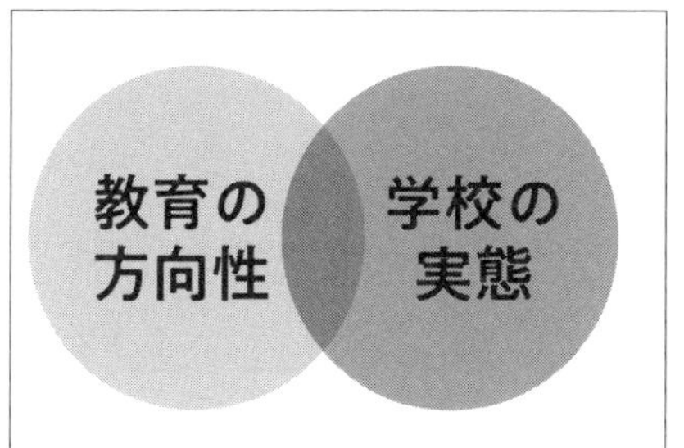

資料4

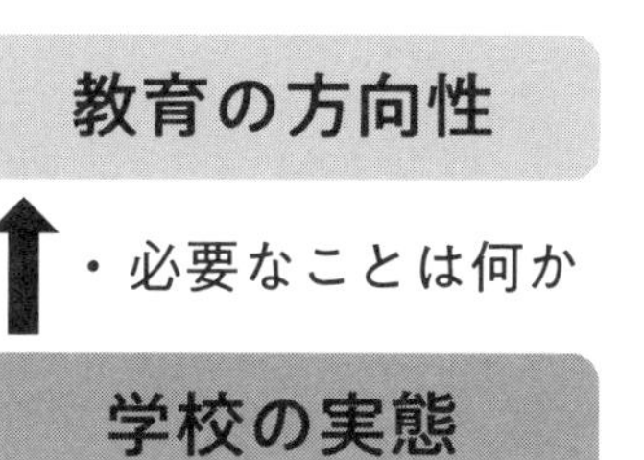

資料3　3・4年生：ミニ研究全体会（各学年の話し合いをご記入ください）研究推進委員会（2022年7月）

【ミニ研究全体会の目的】

①各学年からの意見を集約することで、これまでの授業スタイル（代沢小通常スタイル）と代沢小Agencyスタイルとの理論の整理を行う。

②各学年で生活科・社会科における学年としての目指す子ども像を話し合うことを通して、見通しをもって資質・能力を育成することができる。

	代沢小通常スタイル	代沢小 Agency スタイル
何のためにその授業スタイルをするのか	○指導事項を確実に押さえることができる。 →事実の確認だけで終わらずに、思考を深める発問を用いることができ、生活との繋がりを考えることができるようにする。 ・ゴミ収集車がなぜそのようなことができるのかを、踏み込んで考えることができるようになる。（工夫や努力を行っていることを全員が気付くことができる可能性を高めることができる）。 ・1つのゴールを目指して、手順を行っていく。 ・発問：さまざまな考えが出るもの、考えに広がりが出るものを好んでいる。	自分で資料を見つける喜びを感じることができる。 ・意欲を高めることができる。 ★こちらのスタイルの方が考えが深まると言いたい。 →自分から問いを見つけることができるようになると、深まる。 ※どんな時に、どのスタイルを選ぶか。 ※図工の造形遊びに近い。大きな広がりになるので、身につけるべきことを意識したい。外れて来たときに、教師が戻したり引き上げたりする必要もあると考えられる。
生活科・社会科における学年として目指す子ども像	○事実から意味を考えられる子 ○資料から問いをもてる子（調べる段階であっても） ○自分の中で問いを持つ→情報を集めて考える一問いを持つが繰り返される。 ○Agency スタイルの場合、中学年としては教師が用意してくれた資料から、自分で情報を見つけ思考することができる。→高学年になったら、自分で資料を見つけられるようになってほしい。	
どの単元で行うか	〔日常的な授業〕	学期に1回程度？ ・3年生「商店の仕事」「世田谷区の移り変わり」？ ・4年生「水害」
その単元で行う場合の手立てのアイデア		○自分で学習を進めることが苦手な子どもたちをどうするか。 →図工：教師による確認。スモールステップ。「ミニ先生」。活動の中で、役割を持たせて活動できるようにしている。 ※教師は手を出してはいけないのではなく、必要に応じてサポートをする。 ・段階に応じて、どの段階から取り組ませるかを判断する。 ・ワークシートの用意。
自由記述欄	(ex.Agencyスタイルをするにあたってのアイデア) (昨年までのご指導) ・社会科としての基本的なノート指導 ・資料を教師が意図して作るように指導をいただいていたが、それはどう捉えれば良いのか。	

みる必要があるのです。

一見すると回り道のように感じるかもしれませんが、そうすることで多面的・多角的に課題を整理できるので、スキル育成や指導技術に偏った研究にしないで済むようになります。

校内研究の方向性③

教員一人一人の専門性を発揮できる下地をつくる

❶ 教員個々の専門性が校内研究の突破口となる。
❷ 先生方に創意工夫を発揮してもらえる理論にする。
❸ これまで以上に教員間の協働が不可欠になる。

1 それぞれ異なる専門性をもち寄ることで研究のブレークスルーが起きる

一口に校内研究と言っても、一つの教科等に絞って研究する場合もあれば、「個別最適な学びと協働的な学び」といった大ぐくりの研究主題のもと、複数教科等にわたって研究する場合もあると思います。

どちらがよいということはなく、柔軟に決めていけばよいことですが、踏まえておいたほうがよいこともあります。それは、「勤務校の先生方のもてる力を遺憾なく発揮できるものとなっているか」を吟味することです。

「働きアリの法則」（株式会社武蔵野HPを参照）によれば、勤勉なアリたちは、すべて同じように働いているわけではなく、積極的に働く２割、ほどほどに働く６割、あまり働かない２割で構成されるといいます。

といっても、最後の２割は怠け者というわけではなさそうです。同じ作業を同じようにこなす際に生じる行動原理で、人間の組織論にももち込まれることもあります。

この話を目にしたとき私は、「これは、個々の得意・不得意を考慮せずに仕事が設定されていることから生じる偏りなのではないか」と考えました。つまり、こなすべきことが画一的である場合に生じ得る弊害です。課された仕事が得意な人はたくさん働き、不得意な人はあまり働かないという考え方です。言うなれば、自分の能力を発揮できる出番が限られているから起きる問題なのではないか…と（ただし、この解釈は本来の「働きアリの法則」に基づくアリの行動原理とは異なります）。

教員もまた得意・不得意があります。といっても、専門性の高い職業ですので、運動が得意・不得意といった事柄ではなく、専門性を発揮できる教科等（または教育活動）もあれば、そうでない教科等（または教育活動）もあるということです。

前置きがずいぶん長くなりましたが、先生方全員を巻き込んでいける研究にするには、まず第一に勤務校にはどのような力をもった先生方がいるのかをつかみ、「どうすれば彼らの専門性を生かし、相乗効果を得られるか」を明らかにすることです。

それともう一つ考えておきたいのが同質性です。

授業づくり研究は、同学年や専門教科を同じくする者同士でグループを編成して行われることが多いと思います。こうしたグループ・メンバーの特徴として挙げられるのが、同質性の高さです。

同質性が高ければ、お互いに共感を得やすいのでメンバー間で意見の対立が起きにくく、円滑に活動が進むというメリットがあります。その一方で、新しい発想が生まれにくいというデメリットもあり、このデメリット面が強く出てしまうと、新鮮味のない小粒な研究となります。

このようなとき、異なる専門性をもつ教員がメンバーに加わることによって、（ときに揉めることもありますが、建設的な関係性を築ければ）新しい発想が生まれ、研究にブレイクスルーが起きる確度が上がります。この点に着目して、専門性（得意分野や強み）ごとに異なる役割（出番）を担えるグループ編成にするということです。

これは、異なる専門教科の組み合わせだけではありません。ベテランと若手の組み合わせ、リーダーシップに長けた教員とフォロワーシップに長けた教員の組み合わせなど、さまざまな方法が考えられると思います。

そこで、勤務校に所属する先生方はどのような得意分野をもっているのかを自分の目で確かめたり、周囲の先生方に聞いたりしながら把握するよう努めることをお勧めします。

2 先生方に創意工夫を発揮してもらう理論づくり

教員一人一人に創意工夫を発揮してもらうに当たって、どのような場面を考えればよいでしょうか。大きくは次の２つが考えられます。

校内研究の理論づくりは、研究主任が中心となって行うこととなりますが、研究主任が考えたことをそのまま伝えればうまくいくというものではありません。そうかといって、「みんなの考えをもち寄ってつくりましょう」と促してばかりでも、あまりうまくいかないと思います。

そこでお勧めしたいのが、トップダウンとボトムアップを組み合わせる方法です。まず研究主任が気を付けるべきは、自分で理論をつくり込みすぎないことです。最初は、ざっくりとしたテーマ・目的・方向性を用意しておき、次のように説明します。

「これらはあくまでもたたき台です。そこで、問題点や変更点、新たに盛り込んだほうがよいと思える点について、次回のミーティングまでに考えておいてください」

そして、次回のミーティングでは先生方の意見を聴取し、取捨選択しながら原案に反映して再び先生方に投げかけます。

延々と繰り返していては、いつまでたっても理論が完成しないので、「およそ先生方のコンセンサスが得られた」という手応えを感じたら、その理論のもとで研究に着手します。

肝は、最初の段階での理論はあえて未完成にしておくということです。そうすることで、先生方の自由な発想や柔軟な実践を、理論で縛らずに済みます。

校内研究において優先すべきは実践であり、理論はすぐれた実践の方向性を示したり、実際に行った実践を検証したりするための手段です。このように考えれば、研究を通じて見えてきた成果や課題を盛り込みながら理論の完成度を上げていくほうが、民主的で建設的な全員参加の研究になります。

3 これまで以上に教員間の協働が不可欠になる

令和答申では、教科における「中核的な概念」を用いて学習する重要性を指摘しています。それを実現する学習スタイルの一つに「個別追究」が挙げられます。今後、子どもたちに学習を委ね、教員の手を離れて自ら学ぶ学習がいっそう広がっていく可能性があります。

このようななかで懸念されるのが次の点です。

「『子どもが進めているから』という言葉が免罪符であるかのように使われ、結果子どもたちの学習が深まることなく、資質・能力が育まれなくなってしまうのではないか（各教科等の目標実現が覚束なくなってしまうのではないか）」

私自身は、子どもたちが「個別追究」を行うことで、求められる資質・能力の育成が伴わなくなるとは考えていませんが、「活動あって学びなし」といった状況をつくらない工夫が必要です。それには、教授型の授業づくり以上に緻密な授業設計が必要になります。

問題は、すべての教員がどの教科等においても高い専門性を獲得することは現実的ではないということです。だからこその校内研究です。教員一人一人がもつ専門性をもちよって創意工夫を凝らせるようにすることが、これまで以上に必要になるのです。

〈参考文献〉

・株式会社武蔵野HP　https://www.m-keiei.jp/musashinocolumn/management/hatarakiari（2024年８月26日最終アクセス）
・中田正弘、坂田哲人、町支大祐著「学習者主体の『学びの質』を保証する」東洋館出版社、2023年

研究主任の位置付け①

見通しをもって スケジュールを管理する

❶ 研究主任はリーダーとマネージャーの役割を担う。

❷ タスク進行と研究の深まりをみながらスケジュールを管理する。

❸ 研究授業を行う人選をマネジメントする。

1 研究主任はリーダーとマネージャーの役割を担う

（本章の冒頭でも触れたとおり）研究主任は「リーダー」であるとともに、「マネージャー」であると言えます。

このうち、リーダーとしての役割は、校内研究の目的と方向性、目標を示すことです。必要に応じて、乗り越えるべき論点を示すこともあります。それに対して、マネージャーとしての役割は、業務管理やメンバーの育成・指導を行う役割を担うことです。

経営学の権威であるＰ・ドラッカーによれば、マネージャーには「組織の成果に責任をもつ」側面と、「部分の和よりも大きな全体の成果を出す」側面を併せもつといいます。そのために必要となるのがスケジュール管理です。

研究主任は、ドラッカーが研究対象としたマネージャー（経営者）とは異なりますが、１つの事業を任された者という立ち位置から広義にとらえれば、「組織全体の成果を考える」視点をもつことは大切だと思います。

そこで本節ではマネージャーとしての側面から、研究主任に必要となるスケジュール管理の考え方を述べていきます。

2 タスク進行と研究の深まりをみながらスケジュールを管理する

スケジュール管理において研究主任に最も求められるのが、研究を進めていくうえでの見通しをもつことです。ここでは、「タスク進行」と「研究の深まり」に分けて紹介します。

1 タスクを進める見通し

研究発表会を控えている年であれば、次のタスクが必要となります。

[研究内容系]
・研究主題を設定する。
・目指す子ども像を設定する。
・研究理論をつくる（仮説、手だて、研究内容）。
・各部会の構成メンバーを編成する。
・研究構想図を作成する。
・指導案フォーマットを作成する。
・指導案を送付する　など。

[庶務系]
・研究掲示物を用意する。
・実施要項を作成する。
・講師を選定し依頼する。
・教育委員会との連絡を密にとる。
・研究紀要の原稿を集約し入稿作業などを行う　など。

上記すべてのタスクに期日（締め切り）を設定しておきます。その際、「○月ごろ」とか「○月の上旬」などと範囲をもたせるようにはしません。必ず「期日：○月○日」と日を指定します。

実際には、期日を過ぎてしまうこともあれば、期日よりも先に終わる場合もあるでしょう。それでかまいません。「日」まで決める目的の一つは、「いつまでに」「何を」「誰と」「どのように」遂行すればよいかを逆算で考えられるようにするためです。

仮に期日を範囲指定してしまうと、（研究主任一人で遂行するようなタスクであればよいのですが）複数人で協働して遂行するタスクの場合、往々にして進捗管理がままならなくなり、そのつど仕切り直しが必要となってタスクが遅れます（早まることはけっしてありません）。

もう一つは、相手意識をもてるようにすることです。ほとんどのタスクは教員同士の協働作業です。「いつまでに」があいまいだと、連携に支障を来します。また、伝え聞いたことに対する理解に違いが生まれやすく、情報が錯綜します。まして、講師依頼などのように外部との連携において齟齬が生じてしまえば、学校への信頼を損ないかねません。

2 研究を深める見通し

1年間（または数年間）を通じて、どのように研究が深まっていくかを（仮想的でかまわないので）見通しておくことが大切です。

仮に、研究発表が2年後にある場合であれば、1年次と2年次に行うべきはざっくり資料5のようになるでしょう。

1年次は理論づくりが中心ですが、ここでいう理論づくりとはゼロからのスタートではありません。手だてや研究内容をよりシャープにしていく段階なので、そうするためのチャレンジをしてくれる学年を軸に据えて研究授業を行ってもらうとよいでしょう。

また、発表の年となる2年次にも異動があるので、赴任してきたばかりの教員に対しては、早い段階で自校の研究内容や手立てなどの具体的なイメージを伝えるといったケアが必要です。

例えば、研究主任や自校の授業をより具現化している教員が、年度当初に研究授業を行い、そのイメージをもって（秋の研究発表であれば）1

学期中に全学級が研究授業を経験できるようにします。つまり、本番（研究発表会）へのステップになるようにするわけです。

資料5

年次	内容
1年次	理論づくり・実践
2年次	理論の伝達・実践・研究発表

研究授業実施後は、その成果と課題が次の研究授業につながるよう、「研究便り」で価値付けたり、次の学年の指導案検討で話題にしたりするようにします。このように、年間の研究授業の位置付けをはじめとして、漏れなくスケジューリングし、管理するのが研究主任の務めとなります。

3 研究授業を行う人選をマネジメントする

スケジューリングを行うに当たっては、研究推進委員と合意形成を図ることが欠かせません。また、誰に研究授業を行ってもらうのかの差配も重要です。

校長が決めることになっている場合にも、研究の進捗と研究をより推進するために必要な事柄をしっかり校長に伝え、人選を吟味してもらうようにします。

「校内授業は若手が行ったほうがいい」という考えのもとで人選している学校もあると聞きますが、「若手ありき」が固定的な暗黙の了解になってしまっているのであれば見直したほうがよいと思います。

校内研究は、確かに若手の成長の場であることに違いはありませんが、教員全体の成長を期す場です。そうなるためにも、研究主任が管理職を含めて先生方を巻き込んでいけるようにマネジメントすることがとても大切なのです。

〈参考文献〉
・ピーター・F・ドラッカー著、上田惇生訳『マネジメント［エッセンシャル版］―基本と原則』ダイヤモンド社、2001年

研究主任の位置付け②

研究の方向性を整理する

❶ 校内研究の構造を念頭に全体像を俯瞰する。

❷ 研究の方向性を整理する際には、目的・目標、研究の視点、具体的な手だてなど、どの桁で検討するのかを考える。

❸ 問題を提示し、周囲からのアイディアを広く募る。

1 校内研究の構造を念頭に全体像を俯瞰する

研究主任は、中心的な立場で校内研究を進めるとともに、一人の教員として授業を受けもちます。いわば「プレイングマネージャー」とも言うべき存在で、いち授業者としてもさることながら、各学年の授業の様子をつかんでおく必要があることから、各学年の授業を見る機会が増えます。そのような研究主任に求められるのは、「どのような方向に校内研究を導くのか」を考え、実行に移すことです。

研究を進めていくと、先生方は発問や資料提示、ICT機器の活用法など、「授業をつくる細かな手だて」に目が向いていきますが、それに対して研究主任は、授業レベルの細かな手だてを頭に入れつつも全体を俯瞰しながら、先生方が研究に取り組みやすくなるように「校内研究の方向性」を整理します。

構造化すると、資料6のようなイメージです。

一番下の階層には、「話型の提示」「4人グループ」など授業レベルの細かな手だてを位置付け、授業を改善する土台とします。

中段は、「他者との関わりの工夫」「表現方法の工夫」など、授業レベルの手だてをカテゴリー化する研究の視点で、下の階層を抽象化したものです。

これは、他の学年や他の単元での手だてを視点として共有するものであり、先生方が「研究の視点」を意識できるようになれば、それぞれに授業レベルの細かな手だてを構想した場合にも、大きくズレません。

資料6

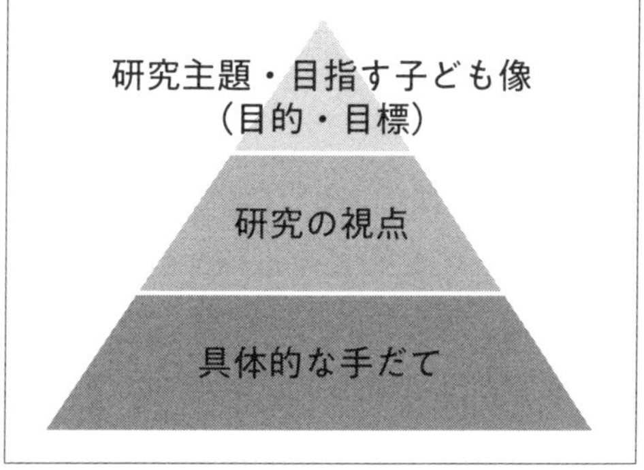

最上段は、「どのような授業を目指すのか」「どのような力を子どもが身に付けられるようにするのか」といった研究の目的や目標を表す階層で、国の教育施策などを踏まえて設定した勤務校の課題解決に迫る「研究主題」や「目指す子ども像」です。

加えて**資料6**は、「具体的な手だて」が「研究の視点」に基づいているか、「研究の視点」が「研究主題」に迫るものとなっているか、そうでないならばどの階層に手を入れるべきかを検証するものさしともなります。

2 校内の方向性を整理する

ここでは、前任校（経堂小）で行った「２教科並行の校内研究」の整理を述べていきます（2015~2016年度）。研究主題は「論理的に考え、共に考えを深める子の育成」で、２年次の11月に研究発表会を控えていました。

経堂小では、それまで国語科に力を入れており、2015年度から社会科を研究教科に加えて進めようとしていたのですが、次に挙げる課題が見られました。

国語科では文章を読み取るためのワークシートの工夫や書くための文章構成をつくる工夫などを行っており、社会科では資料提示を工夫し、子どもの問題意識を醸成して学習問題をつくることにチャレンジしていました。それぞれに成果を見いだせる手だてではあったのですが、その一方で、教科の枠組みを越えて「経堂小としてどのような授業を目指すのか」が不明瞭だったのです。

資料7

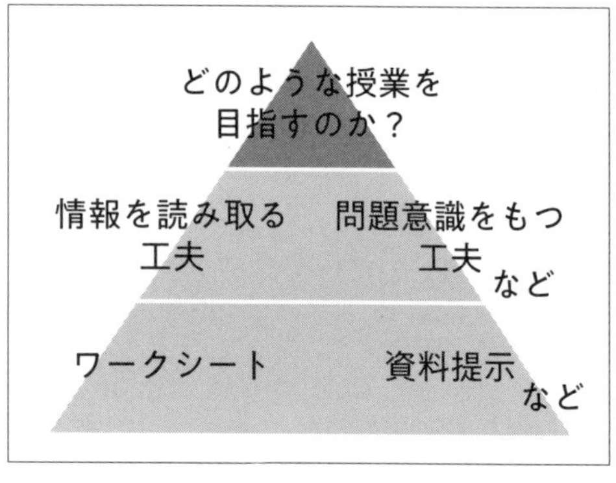

それでは、国語科と社会科双方で研究する意味を見いだし、相乗効果を得ることができません。そこで「研究の方向性」を整理するために作成したのが資料7です。

このような形で整理したことで、「研究の視点」にあたる階層や「具体的な手だて」にあたる階層において、国語と社会科でどのような事柄が対応するのかが明確になりました。

つまり、最上位の階層に光を当て、「経堂小としてどのような授業を目指すのか」について再検討することで、２教科で研究を進めていくうえでの意味と価値を再構築したという例です。

経堂小ではその後、国語科で研究を積み重ねてきた以下の学習活動を社会科の授業に応用することで、経堂小ならではの独自性ある授業づくりを提案するに至りました。

・文書等から問いについての情報を見付ける。
・見付けた情報を基に問いについて文章化する。
・伝わるよう話し方を工夫する。
・意図を把握するように聞き方を工夫する。

ここでは国語科と社会科双方で学習活動の充実を図る考え方と方法として取り上げましたが、各教科等の目標実現を目指しながら教科等の垣根を越えて授業改善に取り組む研究は、今後ますます重要性を増してくるでしょう。

3 問題を提示し、周囲からのアイディアを広く募る

研究主任は、勤務校の先生方の授業を参観する機会も多いことから、校内研究を推進するうえでどんなところに課題があるのかを気付きやすい立場にあります。

例えば、研究理論と研究の視点に齟齬があるのだとしたら、その解消に努めなければなりませんが、その場合にも、（よほど即座に解決することが必要な緊急性のある課題でもない限り）研究主任が一人で改善案を作成して一方的に問題点を指摘するのではなく、次のように提案します。

「○○については、私たちのイメージが共有されていなかったり、整合性がとれていなかったりする点があるので、どうすれば改善に向かって行くかアイディアを募りたいと思います」

誰からもアイディアが出されなくてもかまいません。重要なのは、研究主任一人が抱え込み、すべてを自分でやろうとせずに、こうした手続きを踏むことです。

たとえ研究主任が自分で考えたほうが、効果的な改善案になりそうな気がしたとしてもそうです。先生方との関わりを大切にしながら一人一人が納得できるプロセスを経ることができてこそ、校内研究は充実するからです。

なお、研究上の課題を共有する際には、視覚的・協働的に作業を進めていくうえでも、共同編集機能のあるICT機器を活用するのがお勧めです。

円滑な校内研究推進のために必要なこと①

ボトムアップとトップダウンのバランスを図る

❶ トップダウンとボトムアップ双方の性質を知る。

❷ ベストミックスを考える。

❸「なぜ、そうする必要があるのか」目的を常に意識する。

先生方との合意形成を図るうえで、トップダウンとボトムアップ双方をうまく使い分ける必要性についてはすでに述べたとおりですが、本節ではもう少し掘り下げたいと思います。

1 トップダウンとボトムアップ双方の性質を知る

「トップダウン」という言葉に対してネガティブなイメージをもつ方は少なくないようです。「上位下達」という直訳的な意味合いから、「有無を言わさず」「一方的に」「従わなくてはいけない」といった印象があるからかもしれません。

それに対して「ボトムアップ」についてはポジティブなイメージのほうが多いのではないでしょうか。トップの意向を踏まえながら、構成員の考えも反映される余地があるからでしょう。このように考えると、校内研究を進めるうえでも、「ボトムアップ」主体で行ったほうがよいかのように考える方もいるかもしれません。

しかし、本来的な意味において、「トップダウン」と「ボトムアップ」との間に優劣はありません。いずれも組織の健全な運営を考えるうえでの方法論の一つにすぎないからです。

2 ベストミックスを考える

フォード（アメリカ自動車メーカー）の創業者であるヘンリー・フォードは次の言葉を残しています。

If I had asked people what they wanted, they would have said faster horses.

～何が欲しいかと尋ねれば、人はみな『もっと速い馬がほしい』と答えるだろう～

この言葉が意図していることは次のとおりです。

馬しか知らない利用者にいくら意見を求めても、そのものがすでに備えている機能を拡張する（例えばもっとスピードを出せるようになるといった）提案しか出てこない、それでは現状を改善するアイディアにはなり得ても、これまでに誰もしたことのないような新しいアイディアは生まれない、ということです。

この考え方を校内研究づくりに当てはめるのは、いささか辛辣すぎるかもしれませんが、ある面では本質をついています。研究主任が何の構想ももたないないままいくら先生方にアイディアを求めても、それまで行ってきた校内研究を踏襲するような意見に終始するか、働き方改革が叫ばれる今日ですから、「校内研究は本当に必要なのですか？」などといった意見なども出されるかもしれません。

もし仮に、素晴らしい意見がどんどん出されたのだとしても、やはりうまくいかないように思います。そもそも、課題への向き合い方というものは、先生方一人一人で異なるはずだからです。そうした先生方一人一人異なる課題意識を寄せ集めれば、あまりにも広範囲にわたりすぎて、絵に描いたような現実的ではない研究主題になってしまうかもしれません。この点に、ただボトムアップ式にすればよいわけではない理由があります。

もちろん、どのような意見も大切にする必要がありますが、何よりも目を向けるべきは「研究主任である自分はどんな研究をつくっていきたいのか。そしてそれは、本校の子どもたちの成長を促し、学校全体として取り組むべき課題解決となるか」です。ただし、それを一方的に先生方に求めるのであれば、今度は悪しきトップダウンとなってしまうでしょう。

こうしたことから、次の考え方が大切だと思います。

授業でも「入り口は狭く、出口は広く」といった指導法があるとおり、せっかくの意見が迷走するような結果とならないよう、研究主任としてとるべき方策は、「本校で行うべき研究の本質は何か」を明らかにしたうえで、その方向性に則った形でアイディアを募り、一つ一つのアイディアをできるだけ生かせるように工夫するということです。

どのような授業の手だてであれ、子どもの学習をより望ましいものにしてくれるのであれば、どんどん推し進めていってもらったほうがいいに決まっています。問題は、それらの手だてが「小さな『点』の改善になっていないか」「その改善は研究の目的にどのようにつながるのか」を問いながら、理論（研究内容や子ども像との関連）との整合性を図り、「研究主題」につなげていくことです。

繰り返しになりますが、研究の風呂敷は研究主任が広げ、その風呂敷にどのようなものを詰めていくかについては先生方にアイディアを募り、実際に実行に移してみて、理論や研究主題との整合性を考えながら適宜調整していくというのが、トップダウンとボトムアップのベストミックスになると私は考えています。

そうしていてもなお、先生方の手だてと大きな齟齬が生じるのだとしたら、（着手するタイミングによりますが）研究理論のほうに目を向け、手直しする必要があるかを検討することも視野に入れるとよいでしょう。そうすれば、柔軟に校内研究を進めていくことができるでしょうし、何より「理論倒れだ」とか「押し付けられている」といった印象をもたせずに済むと思います。

3 「なぜ、そうする必要があるのか」目的を常に意識する

以前、「筋道立てて伝えることを意識した指導」に重点を置き、話型の徹底を目指す校内研究を目にしたことがあります。

具体的な手だてが講じられていたことで、子どもたちの「伝える力」については向上しているようにも感じられた一方で、ある学年の先生方が次のように話をしているのを耳にしました。

「うちの学年の子たちは、『なぜなら』という言葉が全然使えていません。今後は、『なぜなら』と言わせることを徹底させましょう」

この話を聞いた私は、その学年の子どもたちの様子を見に行ったところ、確かに「なぜなら」という言葉を使っていません。

「なぜなら」という接続語を使えれば、話し手がどのような理由で発言しているのか理解しやすくなります。ただ、自分の考えの根拠をクラスメイトに伝える方法は「なぜなら」という話型だけではないはずです。実際、その学年の子どもたちの何人かは、「なぜなら」を使わずに、自分の考えたことの根拠を思い思いの方法で話していました。つまり、子どもたちは「筋道立てて話すことの大切さ」については理解していたのです。

これは、先生方が設定した話型を意識しすぎるあまり、「話型を使うことで、子どもたちにどんなことを身に付けさせたいのか」という目的が脇に追いやられてしまっていたということだと思います。

こうしたことは、子どもたちへの指導に限ったことではありません。校内研究においても、手段にとらわれてしまうと「そもそも何のためにその手段を講じることにしたのか」が不明瞭になってしまうことがあります。そうならないためにも、研究主任は常に目的を意識することが必要だと思うのです。

こうしたことから、例えば先生方が特定の手段の効果について語り合い、盛り上がっている最中にあっても、それがもし目的軽視につながっているのであれば、勇気をもって指摘することが必要なのです。

円滑な校内研究推進のために必要なこと②

プレイングマネージャーとして試行錯誤する

❶ 研究主任は一人の授業者として研究に必要なことを試行錯誤できる立場にある。

❷ 提案型のプロトタイプ授業をつくる。

❸ プレイングマネージャーとして先を見通す。

1 研究主任は一人の授業者として研究に必要なことを試行錯誤できる立場にある

研究主任は、プレイヤーとして日々授業を行いつつ、諸先生方の授業に目を配りながら校内研究全体を把握し、方向性を見定め進行管理を行っているという点でプレイングマネージャーだといえます。

このプレイヤーとしての役割とマネージャーとしての役割は、授業を軸としながらも異なるので、図にすると**資料8**のイメージに近いと思われます。

プレイヤーとしての利点は、日常的に授業を行うことから、思い付きのアイディアであってもすぐに自分の実践に取り入れることができることです。

思い付きといっても、何でもありではないので、目の前の子どもたちにとって学習効果が上がるのか吟味する必要がありますが、校内研究で取り入れてみたいと思うことを自分の授業で試してみることができる点で有効だと思います。

うまくいかないことがあれば改善点を考えることができますし、うまくいった場合にも、「自分の授業ではうまくいったけど、ほかの先生方が取り入れたらどうだろうか」と視野を広げて考えることもできます。こうした実践を先行して行っておくことで、研究主任として先生方に方針を伝える際にも具体性をもたせることができます。

資料8

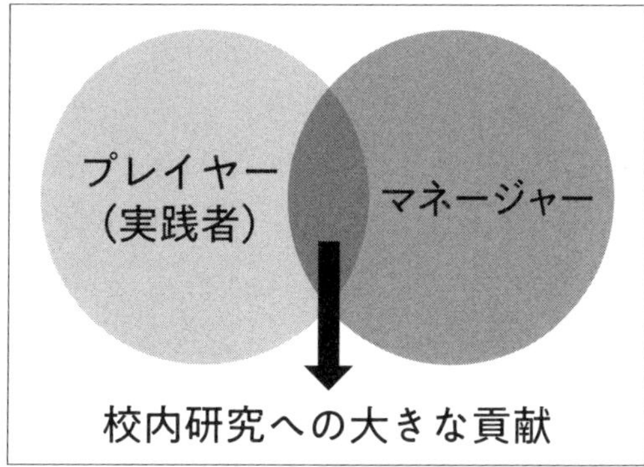

こうしたことが、次項で述べる提案型のプロトタイプ授業となります。

2 提案型のプロトタイプ授業をつくる

研究授業を行うことの目的は、「自分たちの実践を参観者に見てもらい、協議会の場で今後の改善ポイントなどを論じ合うこと」にありますが、研究主任が研究授業を行う場合には目的が異なります。研究理論が具体の授業にどう落とし込まれるのかを先生方に示すことです。

研究理論は抽象的な言葉で語られるので、理論だけでは「授業のどのような場面でICTを活用するのか」「振り返りを行うとは具体的にどうすることか」といった具体的な授業イメージが湧きません。

そこで、研究主任が研究授業を行うことで、理論と実践がどうつながっているのか、具体的なイメージをもってもらうわけです。もし、その研究授業ではうまくイメージできないとか、理論とチグハグであったとしてもよいのです。あくまでも提案なのですから、協議会の場で論じ合えるよい材料となるからです。

このように研究主任は、先生方の理解を促し、どのように授業をつくっていけばよいかを示す提案型のプロトタイプ授業を行うわけです。

ここからは私自身の失敗談です。

全国小学校社会科研究協議会東京大会（2023年度）の際に代沢小が提案したのは、単元内自由進度型の授業スタイルでした。

資料９

これは、「個別最適な学び」を実現するための授業提案ですが、「この授業スタイルでいこう」という話がもち挙がったのは、大会前年の６月ごろのことでした。

しかし、このときはまだ誰も「単元内自由進度」を取り入れた授業を行ったことがありません。そこで研究主任を任されていた私はまず、自分の学級で行ってみることにしました。

このときは３年生を担任しており、社会科の単元「生産の仕事（農家の仕事）」で試してみました。

学習問題と学習計画ができた段階で、子どもたちが自力で４つの問いを解決する学習です（詳しくは拙著『子どもの自己調整スキルを磨く』東洋館出版社、2024年を参照）。自分の学習の進捗状況を把握できるよう、黒板に進行表を貼り、達成した問いには私が合格印を押すことにしました。

しかし、この方法が**資料９**に示すように失敗します。

- 合格印をもらうために長蛇の列ができてしまい、学習が滞ってしまった。
- 教員である私に合格印をもらわないと進めていけない学習にしてしまっていた。

これでは、自分の選択・判断をよりどころとして子どもが主体的に学習を進めているとは言えません。つまり、単元内自由進度学習とはいえない状況を私自身がつくってしまったわけです。

ほかにも失敗したことはたくさんあるのですが、こうした失敗を糧として、「授業のどのような場面で教員の関与が必要となるのか」「関与せずに子どもに任せたほうがよいのはどのような場面か」といった明確なイメージをもつことができました。

そこで、研究理論を手直しするとともに、私がどのような失敗をしたのかを交えながら先生方と論じ合えたことで、学校全体として単元内自由進度学習のイメージを共有することができたように思います。

3 プレイングマネージャーとして先を見通す

このようにプレイングマネージャーとしての役割を果たしていくには、自分が収集した情報（国が示した公文書や各種書籍など）を参考にしながら、提案型のプロトタイプ授業を行い、そこで得た知見（成果や課題）をもとにして校内研究がどのような方向に進んでいきそうか見通しをもつことです。

といっても、働き方改革が叫ばれる今日です。寝る間を惜しんで研究しましょうなどと言いたいわけではありません。無理のない範囲で、自分がしてみたいと思うことを授業に取り入れ、それを先生方と共有し、できれば楽しみながら共に研究をつくっていくことです。そのためのお膳立てができれば、プレイングマネージャーとしての役割を十分に果たし得たと考えていいと思います。

それともう一つ、つけ加えておきたいことがあります。本節で述べたことは、校内研究を充実するための手だてとなるだけでなく、一人の教員としての職能成長にもつながるということです。他者の授業改善に携わることを通して、それまでには得られなかった気付きがたくさんあるからです。その気付きが、間違いなく自分の授業改善によき影響を及ぼすので、よりいっそう子どもたちの学習に還元できるようになります。こうした、研究主任ならではの＋αを実感しています。

円滑な校内研究推進のために必要なこと③

先生方の研究を駆動させる歯車となる

❶ 組織の一員としての意識が薄いと研究がうまくいかなくなる。

❷ 組織への貢献が自己成長につながる。

❸ コミュニケーションをどう図るかが鍵を握る。

1 組織の一員としての意識が薄いと研究がうまくいかなくなる

「組織の歯車」というと「意志をもたない部品」「裁量を発揮する余地のない役割」であるかのネガティブなイメージをもつ方は少なくないと思います。それに対して、私は「研究主任こそ組織の主体性ある歯車たれ」と考えています。

研究主任は、トップ（校長）によって分掌された役職で、学校全体の教育活動充実のために位置付けられた組織の一角です。そのように考えれば、たとえ素晴らしい知見をもっていたとしても、組織に悪影響を及ぼすような取組であってはなりません。そうかといって、やらされ仕事をこなすといった受け身であってもなりません。

研究主任は、組織の一員（歯車）として、校内研究に関わるあらゆる仕事を主体的に回す重要な役職です。そのためにも、「組織の役に立つために働くことを通して、教員としての自分の力量形成を図る」という意識をもつことが大切です。つまり、組織貢献が主で、自分の力量形成は後からついてくるという考え方です。

資料9

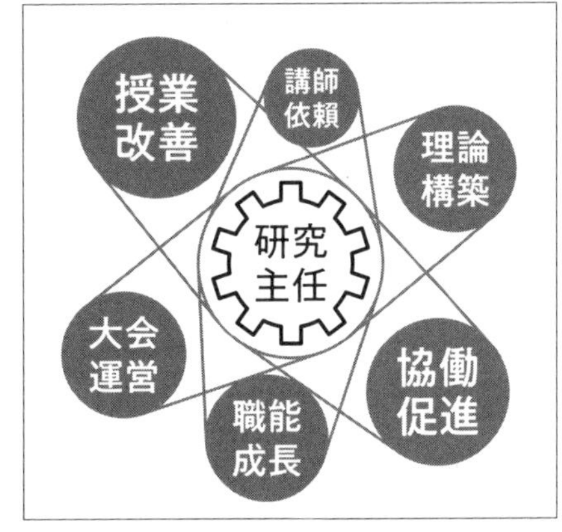

私自身、自分の伝えたいことが周囲に伝わらなかったり、先生方がついてきてくれないなどといった苦い経験があります。振り返ると、そこには共通点があります。

それは、研究に対する自分の考えや進め方に固執していたことです。つまり、自分の力量形成を主としてしまっており、組織貢献の意識が薄かったことに原因があったわけです。

このとき、前述した「主体性ある歯車たれ」という考えをもつようになったのです。**資料9**のように、研究主任の働きかけによって、研究に関わるさまざまな事柄を回していくイメージです。研究主任として研究を駆動できる歯車になれれば、必ずや組織貢献につながります。

そして、この歯車が整然に駆動するための潤滑油となるのが、管理職や先生方、教育委員会、講師などとのコミュニケーションです。

2 コミュニケーションをどう図るかが鍵を握る

校内研究に限らず、学校組織が健全に機能するためには、当事者同士のコミュニケーションが円滑である必要があります。逆に、コミュニケーションさえしっかり図れていれば、研究が暗礁に乗り上げるような壁にぶつかったとしても、仲間との協働によって乗り越えていくことができます。

そのようにして、先生方の実践はより確かなものとなり、研究理論もまた精緻化されていきます。その結果、職能成長という自分自身への恩恵が、遅れてやってくるのです。

円滑な校内研究推進のために必要なこと④

各学年（分科会）の進捗を把握する

❶ 授業づくりのプロセスに研究主任が積極参加する。
❷ 授業づくりと研究理論とのつながりを確認する。
❸ 授業づくりのプロセスに関与する場合にも穏当なアドバイザーに徹する。

1 授業づくりのプロセスに研究主任が積極参加する

研究主任になって不安に感じることの一つに挙げられるのが、「校内研究の理論にそって、研究推進委員や各学年が動いてくれるだろうか」だと思います。

初めて任されたときなどは、不安に思いながらもモチベーションを高くして「学校をよくしたい！」という強い思いをもって事に臨んだはずです。しかしときには、自分が思い描いていたようにはいかず、実践が研究の方向性とズレてしまったり、事前検討会がほぼ開かれず本時を迎えてしまうなどして、意気消沈してしまうこともあります。

学級経営のむずかしさを思い起こしてもそうですが、（子ども相手とは違うとはいえ）集団としての一体感をつくるのは本当にむずかしいのです。

私自身も、こんな経験があります。

研究主任として強い思いをもち、1年を通して校内研究に取り組んでいたつもりだったのですが、年度末の研究全体会で、研究推進委員の一人からこんなことを言われたことがあります。

「この1年間、校内研究に携わってきましたが、研究を通して、結局、

資料11　板書

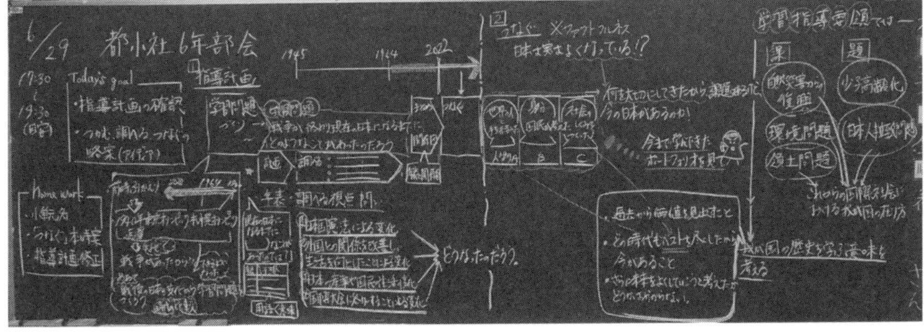

資料12　板書

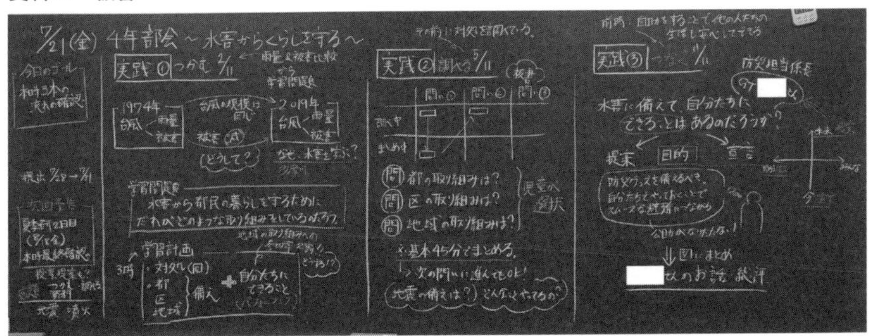

子どもたちにどんな力が付くのかよくわかりませんでした」

当時の私にとって、この一言は本当にショックでした。年間を通じて、共に理論づくりに邁進し、先生方の授業改善に資するよう努めてきたつもりでしたが、自分の仕事を認めてもらえるどころか、研究同人にさえ研究の意図も伝わっていなかったことが明らかになったからです。

理論がおかしかったのかもしれませんし、私の進め方に問題があったのかもしれません。落ち込む日々が続きましたが、やがて「研究主題を設定し、研究の視点を整理し、先生方に伝えたとしても、それだけで校内研究がうまくいくわけではないんだな」と考えるようになりました。

当時の私に足りなかったのは、研究主任として先生方の研究プロセスに直接的に関わることだったのです。つまり、指示するだけでして研究推進委員の先生方や各学年の先生方に任せきりにしていたということです。そこで現在では、各学年の指導案検討に参画しています（**資料11**は６年部会、**資料12**は４年部会、共に全小社東京大会で検討したもの）。

2 授業づくりのプロセスに関与する場合にも穏当なアドバイザーに徹する

これまで述べてきたように、各部会に投げっぱなしにするだけでなく、授業づくりのプロセスにかかわることは、校内研究を推進するうえで有効な方法の一つです。ただし、先生方と関わるに当たって気を付けるべきこともあります。それは、「部会としての雰囲気や検討内容を尊重する」ことです。

先生方が意見を交わしている最中、“その考え方だとちょっとまずいな”と思うことがあったとしても、その場で安易に口を挟まないということです。ときとして、「上から目線で正論を振りかざされた」などと受け止められることもあるからです。

もし、安易に口を挟んでしまった結果、先生方が進めようとしていることをひっくり返すようなことにでもなれば、当該学年の研究が滞るばかりか、他の学年にも悪影響を及ぼしかねません。

そこで、指導案検討会では、各部会の動向を把握しながら、校内研究全体を俯瞰する立場として次に挙げる事柄について考えます。何か引っかかるところがあれば、その場では指摘せず、検討会後に担当者に質問しながら理解を深めつつ、課題があると感じられたら、それとなくアドバイスします。

・学級、学年の実態に合った手法だろうか。
・学習指導要領との整合性は取れているだろうか。
・その手だては、表面的ではなく本質的なものとなるだろうか。
・授業者が実現できる手だてとなっているだろうか。
・本校が目指す授業像に近付くだろうか。

第2章

研究主任の仕事の進め方を知る

準備期

具体の授業イメージが湧きやすい研究主題を考える

❶ 研究主題は「目的」「内容」「方法」の３要素を重視する。

❷ 研究主題は前年度末に設定し、その年度の成果と課題を反映させる。

❸ 研究主題は必要に応じて見直し、実践と乖離しないようにする。

1 研究主題の３要素

学校行事であれば例えば、「一人一人が輝こう！個性を豊かな運動会！」といったスローガンのもとに進めていくと思います。このような題目があることで、取組を方向付けたり、適切に振り返ることができるようになるからです。校内研究でそれに当たるのが研究主題です。

高橋貞夫先生（昭和43年版学習指導要領協力者、私の師匠の一人）は、所属されている研究会で、次のように研究主題のあり方を述べています。

「研究主題（や学年部会テーマ）は、研究に取り組もうとする先生方のモチベーションが上がるものとなっていなければならない」

この言葉を深堀りすると、次のようなことがポイントとなるでしょう。

・研究主題から子どもの育ちがイメージできる。
・研究主題から改善の方向が見いだせる。
・研究主題から新しい学習の在り方を生み出せる。
・研究主題から教員としての自分の成長を期待できる。

また、野田（2005）は、研究主題の３要素として「目的」「内容」「方法」が必要であるとしています。

研究主題は、しばしば「主題（主テーマ）」と「副主題（サブテーマ）」で構成され、「主題（主テーマ）」は目指す子ども像や研究の領域・分野、「副主題（サブテーマ）」では、「主題（主テーマ）」を実現するため手だてを示すことが多いと思います。

例えば経堂小では、以下に挙げる研究主題と研究副主題を設定していました（2018年度）。

[研究主題] 自分の力を役立てようとする子どもの育成
[研究副主題] 学び合いと振り返りの充実

研究主題については、「協働的な学びを行っている姿」と「自己効力感を得ている姿」を実現することを意図しています。それに対して研究副主題については、研究主題に迫るための手だてを示しています。

副主題のうち、「学び合いの充実」については、問いの設定や単元展開などの工夫に力点を置くこととし、「振り返りの充実」については、子どもたちが自分の学びを言語化できるようにしたり、相互評価を取り入れることで自分の成長を実感できるようにする工夫に力点を置くこととしていました。そうすることで、「主題（主テーマ）」と「副主題（サブテーマ）」を関連付けたわけです。

2 研究主題はいつ設定すればよいか

新年度の研究主題はいつ設定するとよいのでしょうか。

結論から言うと、前年度の３月（早ければ２月）に着手しはじめるとよいでしょう。

年度末に行う研究全体会では、基本的に当該年度を通じた学校全体の「成果と課題」を整理する場になりますが、それだけでなく、研究主題と照らし合わせながら、次の事柄についても話し合いを行います。

・学年（分科会）として、どれだけ「目指す子ども像」に近付けることができたか。
・学年（分科会）として行った手だてに関しては、どのような成果と課題があったか。

このように、学年（分科会）から出してもらった意見を研究推進委員会にもちかえり、次年度はどのような研究主題にするのが適切かを検討します。その後、3月の職員会議などで提案します。

3 年度末にはすでに研究主題が決まっている場合

国や教育委員会から研究指定を受けていたり、全国大会などの会場校に選ばれている場合などは、研究主題がすでに決まっているか、あらかじめ指定されることもあります。そうした場合には、研究主題を変更するのはなかなかむずかしいのですが、だからといって何もしなくていいわけではありません。

勤務校にとってその研究主題はどのような意味や価値をもち得るか、新しい教育の動向と照らし合わせてどう解釈すればよいかを検討する時間をしっかり取り、研究理論につなげつつ、先生方の共通理解を図ることが必要だからです。

第1章で掲載した**資料3**は、研究主題を解釈しながら、教員間で共通理解を図るために作成したものです。このときは全国大会に向けた1年次だったこともあり、学校としての方向性が定まっていなかったことから、7月に臨時研究全体会を開き、「研究主題に迫るために、学校としてどんなことにチャレンジしてみたいか」について話し合ったわけです。

4 ときには勇気をもって研究主題のほうを見直す

研究授業を通して実践上の成果と課題が見えてくるうちに、「この研究主題や理論で本当によいのだろうか」と疑問に思うようになることもあります。このようなとき、殊に研究主題については、できれば文言の変更は行わずにいきたいところですが、「どのように検討しても、いまのままでは研究を推進していけそうにない」と判断されたら、勇気をもって修正することも必要です。

経堂小の校内研究においても、同様のことがありました。東京都の研究指定を受けた際には、「他者と考えをつなげる子どもの育成」が研究主題に据えられていたのですが、１学期の実践を通して「この研究主題では、本校の目指す子ども像に迫ることがむずかしい」という判断に至り、７月に教育委員会の承認を得て、研究主題を「自分の力を役立てようとする子どもの育成」に変更しました。

その結果、先生方のなかで「目指す子ども像」がより明確になり、校内研究の活性化につながりました（その後、経堂小ではこの研究主題が学校教育目標に準じるものとなるほどのパワーワードになります）。

どのような「研究主題」にするかで、先生方のモチベーションは大きく左右され、それがそのままその年の校内研究の成否を決めると言っても過言ではありません。

研究主任としては、「一日も早く決めてしまいたい」ところですが、ここでもやはり先生方との丁寧な協議のうえで納得のいく文言にするのが大切だと思います。新年度から研究のいいスタートを切るためにも、欠かせないプロセスだと言えるでしょう。

〈参考文献〉

・野田敏孝著『初めての教育論文―現場教師が研究論文を書くための65のポイント』北大路書房、2005年

スタート期

教員一人一人がアウトプットできる場を設定する

❶ 全員参加の校内研究を目指す。

❷ 年度はじめにアウトプットできる場を設定する。

❸ 固定観念に縛られず、自由な発想で意見を言い合える関係性をつくる。

1 全員参加の校内研究を目指す

研修の場であれば、ワークショップ形式やワールドカフェ形式など、参加型の研修が行われることがずいぶん増えましたが、講義を受けたり講演を聴いたりするなど、基本的にはインプット中心です。

ここが、研究の場とは決定的に異なる点です。インプットしたことをアウトプットしてこその研究だからです。しかし、よほど意図的に仕組まないと、アウトプットするのは研究推進委員会のメンバーや研究授業を行う授業者、学年主任などの一部の教員にとどまってしまうこともあります。

それでは、ほかの先生方を受け身にしてしまい、学校全体の教育活動の質を底上げすることはできません。なぜなら、受け身の研究では自分にとって本当に必要な課題を見いだすことができず、他者がアウトプットしたことをそのまま真似ようとしても、うまくいかないことのほうが多いからです。

だからこそ、どの教員であっても、研究を通じてインプットしたことを身の肥やしとし、自分自身が試行錯誤したことをアウトプットできる場を設ける必要があるのです。

手続きとしては、年度はじめのうちにアウトプットできる場を決めておきます。新年度２回目の研究推進委員会あたりで研究推進委員と協議し、管理職の決済を得るようにします。

2 年度はじめにアウトプットの場を設ける

全員参加の校内研究につなげるアウトプットの場は、およそ次の２つが考えられます。

1 研究授業（授業者及び当該分科会）

言うまでもなく、校内研究において研究授業は重要なアウトプットの場です。学年や分科会ごとに授業づくりを進めるために行うことが多いと思いますが、この研究授業を、授業者一人のアウトプットの場にしないというのが、一つ目の仕掛けです。

研究授業は、平素の授業づくりよりも手間暇をかけて準備を進め、当日を迎えます。その準備には、およそ次の事柄が挙げられます。

例を挙げましょう。

・学習指導要領や解説、中教審答申など公文書、関連書籍の読み込み
・教材研究
・教科書分析
・指導案作成　など

いずれも基本的には、授業者が主体となって進めていくものですが、こうした一つ一つの準備を学年や分科会のメンバーで協働的に行い、研究授業を練り上げていくのです。

ほかにも、メンバーのなかに、研究対象とする教科等への専門性が高い教員がいるのであれば、その教員に研究授業のたたき台となるような

先行実践を考えてもらい、その授業をメンバー全員で見合ってイメージを膨らませるといった取組も考えられます（この場合、本番の授業者はその教員ではない者にします）。

加えて、メンバーがそれぞれ得意とする教科等の授業をみんなで見合い、研究対象とする教科等に生かせそうなアイディアを出し合うといった方法もあると思います。体育科や図画工作科が専門の教員であれば、子どもが自然と活動し出すような場を設けることに長けているでしょうから、教科を越えて新しい発想が生まれるかもしれません。

いずれにしても、先生方が協働してつくり挙げた研究授業であれば、「授業者ががんばって授業をつくり、成果と課題を得られた」から、「所属メンバー全員ががんばって授業をつくり、成果と課題を得られた」にシフトします。

のみならず、授業づくりを行う過程で、どのメンバーもそれぞれインプットしたことを、協議という形でアウトプットできるようになります。そうすれば、その授業は授業者だけのものではなく、メンバー一人一人の自分事となり、それぞれに課題意識をもつことができます。

対外的に考えれば確かに、研究授業は授業者（発表者）によるアウトプットの場に違いありませんが、それだけが舞台とは限らないということです。授業づくりのスタッフとして関与する（舞台裏で活躍する）というのも立派なアウトプットなのです。

2 研究授業後の研究協議会

研究協議会のもち方については後述しますが、ここでは「教員一人一人のアウトプットの場にする」という視点から、研究協議会のあり方について述べていきます。

研究協議会は主に、「実践提案を行った学年（分科会）と参観した教員との間で行う全体協議」「実践提案に対する講師の講話」の二つで構成されることが多いと思います。

前者については自分が何も発言しなかったとしても対話は進んでいき

ますし、講師の講話であればインプット中心です。いずれも学びの場であるのは間違いないのですが、そのような関わりだけでは研修とはなり得ても研究とはなり得ません。

そこで、お勧めしたいのが、「グループ協議」を取り入れることです。胆は、研究協議会の一番最初に設定することです。全体協議や講話が終わった後だと、「協議を通じて○○が必要だということがわかったので、これからは□□していきましょう」といった方向性が固まってしまうので、いまさら率直な意見など出すに出せなくなるからです。

こうしたことから、グループ協議ではできるだけ真っさらな状態で、各グループのメンバーが研究授業を観て感じたことを率直に言い合える場にします。

一グループ４～５人程度に行うとよいでしょう。その際、模造紙やタブレット端末による共同編集機能などを活用すると、出された意見を視覚的にも把握しやすくなりますし、貴重な記録として残しておけます。

このように一工夫するだけでも研究協議会を全員参加のアウトプットの場にすることができるのです。

3 固定観念に縛られず、自由な発想で意見を言い合える関係性をつくる

例えば専科教員などは、自分の専門教科等ではない授業づくりに直接関与することはむずかしいと思われるかもしれません。しかし、そんなことはありません。例えば、2023年度に行われた全小社研東京大会で会場校の一つだった日本橋小学校の研究主任は、図工が専門の教員だと聞いています。何事も発想と工夫次第です。

専門教科等が何であれ、「子どもを育てる」という根本は変わりません。固定観念に縛られず、それぞれがもっている知見を自由な発想で出し合える関係性さえ築けてさえいれば、どの教員も研究に寄与できるのです。

スタート期

指導案のフォーマットを作成する

❶ 指導案は教科の特質が表れる。
❷ 校内研究用の指導案には研究主題に迫る手だてが必要となる。
❸ 校内研究の理論と教科特性との整合性を図る。

1 指導案フォーマットをつくる意味

一口に指導案といっても教科等ごとに特徴が異なります。以前目にした体育科の指導案では、「一般的特性」「児童から見た特性」という項目があり、前者には教材として扱う運動についての一般的な解説が付され、後者には「児童にとってどのような意味があるか」「その教材を通してどのような学び（や楽しさ）があるか」が示されていました。いずれも、私が専門とする社会科にはない項目であり、考え方です。

体育科の場合には必ず上記のようにしなければならないというわけではないのでしょうが、この一例をもってしても、その教科等の特質に応じて必要となる要素や表現方法が異なるのが指導案だと言えます。

他方、教科等の特質を踏まえつつも、マストとする事柄もあります。それが「研究の意図や目的」であり、これを軸にして項目を立てていくことになるので、指導案のフォーマットを用意するとよいでしょう。

年度はじめの忙しい時期ではありますが、４月中にこのフォーマットのたたき台を作成して研究推進委員会に計り、とりまとめた案を職員会議で提案するようにします。

2 指導案フォーマットの具体例

ここでは、2018年度に研究発表を行った際の社会科の指導案フォーマットを例に述べていきます（経堂小）。基本的な構成は次のとおりです。

①（小）単元の目標
②（小）単元の評価規準
③（小）単元の教材としての概要
④知識の構造図
⑤研究主題にせまる手だて
⑥指導計画
⑦本時の学習

①～③及び⑥と⑦は、校内研究にかかわらず指導案に必要なオーソドックスな項目です。⑥で全体像を示し、⑦が⑥の細案となります。

④の「知識の構造図」は、経堂小ならではで、東京都小学校社会科研究会で使われていた「単元で獲得する概念的知識とその構成」をもとに図化したもので（「知識の構造図」について詳しくは北俊夫〈2005〉などを参照）、小学校社会科としての教科特性を表現しています。

社会科は内容教科と言われるように、「社会生活の理解」が目標の1つに示されています。そのため、④を設けることで単元を通して必要な理解を明確化するわけです。

⑤については、次頁の**資料1**の考え方に基づいてフォーマットを整えるようにします。

上段部の枠は「本単元での『自分の力を役立てようとする姿』につながる力」とし、当該単元の目標と、校内研究として目指す子どもの姿とを具体的に示すようにします。

中段部の枠は、研究理論の柱の１つである「『学び合いの充実』のための手だて」（副主題）とし、指導計画に沿って「(1)　つかむ」は主体的に追究していくための工夫、「(2)　調べる」は学習展開の工夫、「(3)　まとめる・いかす」は交流活動の工夫を明記しています。そうすることで、単元レベルで理論を具体化し、どのような手だてが必要なのかがわかるようにします。

下段部の枠は、研究理論のもう１つの柱である「『振り返りの充実』のための手だて」(副主題) とし、中段部と同様に、単元レベルで理論を具体化し、どのような手だてが必要なのかがわかるようにします。

最後に、「手だて」と「子ども像」を矢印でつなぐことで、上段部、中段部、下段部それぞれの関係性を視覚化しています。

3　校内研究の理論と教科特性との整合性を図る

理論のない校内研究は研究たり得ず、教科特性を踏まえられていない理論は空理空論になってしまうでしょう。したがって、いかに理論と教科特性との整合性を図るかが重要です。

各教科等の目標は、学習指導要領第２章各節及び第３章以降の「第１」で明記されているとおりです。この目標が、その教科等の特質を端的に表すものですから、これをよりどころとして理論を構想すれば、理論と教科特性が根本的にズレることはありません。

むずかしいのは、実践の具体部分が研究主題と教科目標に迫る理論となっているかです。この点については、研究授業や先生方同士の協議を通して一つ一つ検証しながら、整合性が図られているかを確認していくほかありません。そのためにも、指導案フォーマットについては、最初から完成形を目指すのではなく、実践の進捗に応じて柔軟に手を加えていくことが必要となるのです。

〈参考文献〉

・北俊夫『社会科学力をつくる“知識の構造図”』明治図書出版、2011年
・文部科学省『小学校学習指導要領解説　社会編』日本文教出版、2018年

資料１　研究主題に迫る手だて

本単元での「自分の力を役立てようとする姿」

本単元は、「日本国憲法には国家の理想、天皇の地位、国民としての権利及び義務など国家や国民生活の基本を定めていることや、現在の日本の民主政治は日本国憲法の基本的な考え方に基づいていること、立法、行政、司法の三権がそれぞれの役割を果たしていること」を理解することをねらいとしている。

本単元での「自分の力を役立てようとする姿」につながる力は、「資料を基に多角的に考え話し合う力」、「自らの学習の仕方を改善する力」「現在の日本が日本国憲法の定められた国家の理想を目ざしていることを捉え、社会の一員としてよりよい社会づくりに関わろうとする態度」と考えた。

「学び合いの充実」の手だて

(1) つかむ

つかむ段階では、憲法記念日の意味を調べ、そこに込められた当時の国民の思いを想像させる。当時の国民の立場に立って、日本国憲法施行後の日本の社会の様子について疑問を出し合い意見交流することを通して、「日本国憲法と国民生活はどのように関わっているのか」という問題意識を学級全体でもてるようにする。

(2) 調べる

調べる段階では、学習問題に基づいて立てた問いに沿って、1時間ずつ、資料を基にしながら話し合うようにする。話し合う際には「～と似ていて」「～と違って」「～に着目すると」「～さんの考えについてですが」などの「話合い言葉」を意識させ、学び合う態度を意識づけていく。

(3) まとめる・いかす

まとめる段階では、学習してきたことを関連図に整理した上で学習問題について考えるようにする。自分が学習してきたことを活用して意味を考えられるようにすることで、学習の深まりを感じられるようにする。

いかす段階では、「憲法改正」の話題を取り上げることを通して、自分と政治との関わりについて日本国憲法を基にして議論する場を設定する。

「振り返りの充実」の手だて

学習後に、視点を意識した自己評価ができるようになるために、教師が作成したルーブリックを子どもに提示する。めあてや学習問題について考える際に、学習が深まるような視点をワークシートに示し、記述で書かせる。このようにすることで、自分自身の学習の到達度や今後の課題を意識できるようになり、自ら力を高めていこうとする態度を養うことができると考えた。

スタート期

目指す子ども像を踏まえたアンケート項目をつくる

❶「成果と課題」を明らかにするための研究手法の特徴を知っておく。
❷「目指す子ども像」に基づいてアンケート項目を設定する。
❸量的データ分析と質的分析双方のよさを取り入れる。

1 「成果と課題」を明らかにするための研究手法の特徴を知っておく

校内研究では、1年（または数年）を通じて取り組んできた実践を通して「成果と課題」を明らかにしなければなりません。研究授業などは、そのための協議を重ねる材料を提供するものですから、「今回の研究授業はうまくいった」とか「うまくいかなかった」などと一喜一憂する必要のないものです（そうはいっても、思ったようにいかなければ、心情的に落ち込みますが…）。

それはさておき、研究には大まかに言って「質的研究」と「量的研究」という2つの手法があります。

「質的研究」は、主に記述や活動の様子を観察し、それを基に分析・考察していく研究です。例えば、「子どもが書いたまとめの記述」「話し合いでの言葉のやり取り」などがそれにあたります。

「質的研究」で進めることのよさは、子どもの具体的な活動を対象とすることから、子どもの様子（例えば、何に関心をもったか、どのようなことに着目して記述したのか）を見取ることに力点が置かれます。そうであるがゆえに、分析者の主観を交えざるを得ない点にむずかしさがあります。

ただし、ここで課題視しているのは主観そのものの是非ではありません。先生方の経験値や専門性の多寡によって、妥当性のある主観とそうでない主観の双方が入り交じってしまう可能性がある点にあります。

それに対して「量的研究」は、数値を使って分析・考察していく研究です。例えば、テストの点数や学習中に見られた「ある特定の反応の回数」などを基に分析・考察します。校内研究でしばしば見られるアンケート調査も「量的研究」にあたります。

量的研究で進めることのよさは、数値を対象とすることから客観性を確保しやすい点です。加えて、どのような変容が見られたか（子どもの姿の変化）を一つの傾向として見取ることも容易です。

反面、集団のまとまりとして数値化してしまう関係上、子どもが抱える個別の課題が見えにくくなります。アンケート調査であれば必然というべき事柄ですが、質問内容そのものがバイアスとなることや、選択式の質問だと近似値をとるほかないからです。そのため、自由記述欄を設けて、個別の課題を少しでも明らかにしようとする方法もあります。

確かにアンケート調査そのものは有効な手段の一つですが、もう一つ気を付けておくべきことがあります。それは、調査結果を直接的に「成果と課題」に結び付けてしまうことです。

アンケート調査にいくら客観性があるとはいえ、調査結果はあくまでも先生方が成果と課題を協議するための材料にすぎません。そのため、「質」と「量」双方の角度から協議することが大切です。

本節では、子どもに対して行うアンケートの調査方法にフォーカスして述べていきます。

2 「目指す子ども像」に基づいてアンケート項目を設定する

代沢小では、全小社研東京大会に向けて、次に挙げる子ども像を設定していました。

「地域や社会、人々の働きに着目し、自ら問いをもち、社会的事象の見方・考え方を働かせながら、自らの学習を振り返ったり見直したりして学び、対話を通して考えを広げ深める子供」

加えて、この子ども像を実現する姿を次のように想定していました。

・自分の成長を実感している。
・協働的に学習することへの価値を感じている。
・社会的事象への理解を深め、関わろうとしている。
・自力で問題を解決できる。

上記を踏まえ、次のようにアンケート項目を設定しています。

①自分の学習の進め方を振り返って、「もっとこうしよう」と思うことはありますか。
②調べたり考えたりしているときに、友達と協力していますか。
③調べたり考えたりしているときに、友達にアドバイスをしていますか。
④調べたり考えたりしているときに、友達からアドバイスをもらうことはありますか。
⑤問い（めあて）について、自分の考えをまとめることはできますか。
⑥問い（めあて）について、必要な情報を集めることはできますか。
⑦学習と関連して、「ほかはどうなんだろう」「ほかにも同じことはあるのかな」と思うことはありますか。
⑧学級全体で調べる授業の進め方は、自分にあっていますか。
⑨一人一人が資料を選んだり友達と話し合ったりする進め方は、自分にあっていますか。

①～④は「協働的な学習」、⑤⑥は「自力で問題解決」についての意識を問うものです。⑦は自ら社会的事象についてさらに深めようとする態度、⑧⑨は一斉指導型と個別追究型（自由進度的な学習スタイル）の適応状況についての意識を問うものです。

このように、子ども像に迫る授業場面を「協働」「自力解決」といったカテゴリー化して項目を整理し、すべての学年で同じ項目にしています。

3 いつアンケートを取り、どのように分析するか

研究の最終年度の最後に調査するという方法もあると思いますが、7月・12月・2月など、間隔を空けながら調査すると1年を通じてどのような変容があったか（あるいは、なかったのか）を把握しやすくなります。

以前は紙に印刷して集計していましたが、現在はICT機器がありますので、ロイロノートのアンケート機能やMicrosoft Forms、Googleformなどを活用しています。

また、可能であれば「相関係数」や「分散分析」などの統計的手法を用いると、より詳細に分析することができます。これらはExcelでもできますが、ネット上にもある統計分析ツールを使うのも手です（Js-star：Rを基にプログラムが組まれています）。

（繰り返しになりますが）こうした数値や統計結果はあくまでも傾向を知るためのものなので、「なぜ、そうした数値になるのか」（要因）までは明らかにしてくれません。そのため、先生方一人一人の考えや実際に行った実践に基づいて、「どのような子どもの姿が見られたのか」を協議する質的な分析が欠かせないのです。

アンケート項目の作成時期については、アンケートの実施時期を問わず、最初の研究授業までに作成しておくとよいでしょう。

〈参考文献〉

・js-STARXR+https://www.kisnet.or.jp/nappa/software/star/（最終アクセス2024年8月26日）

スタート期

研究発表の方法を考えてスケジューリングする

❶ リスクを想定しながら漏れなく書き出す。

❷「研究発表の前日は早く帰る」を目標にしてスケジューリングする。

❸ 研究発表会までに全員が研究授業を経験できるとよい。

1 研究発表会に向けて具体の準備をスタートする

研究発表会を控える年であればなおのこと、不安な気持ちを抱えている方は多いでしょう。「うまくいくのだろうか」といった不安もあれば、「不備なく進めていくには、いったい何から準備したらいいのだろう」といった不安などもあると思います。そこで本節では、（地区や発表の規模などにもよると思いますが）研究発表会までにどのような考え方で準備を進めていけばよいかについて述べていきます。

これはあくまでも私の考え方ですが、徹底的に行っているのが、「〇〇は抜けていないか」などとリスクを想定することです。ポジティブ思考で「いろいろあるだろうけど、きっと何とかなるさ！」などとは微塵も考えません。

そのため、周囲の先生方に対しても、事あるごとに「何か抜けがあるような気がしているんですよね。思い当たることがあったら教えてください」と伝えていました。これは、自分では思いつかなかった問題点を指摘してもらうことが目的ですが、それともう一つ、自分独りで抱え込まないようにするためでもあります。

また、研究発表会に向けては、やらなければならないことがたくさんありますから、人に頼るだけでなく、自分でも落ち漏れを出さないよう、思い付く限りのことを書き出していました。

そこで私が取り入れているのが、MECE（ミーシー）です。これは、「漏れなくダブりなく」書き出す思考方法です。

まず「授業」と「授業外」という項目を立て、研究発表までに行うべきことをどちらかに振り分けます。これが大ぐくりの分類となります。

次に、「授業」「授業外」それぞれの下位項目を書き出します。

[授業]
・指導案
・資料
・板書
・教室内掲示　など
[授業外]
・運営
・庶務
・全体会
・協議会　など

本節では「授業外」の作業内容とスケジューリングにフォーカスします。

2 「前日は早く帰る」を目標にしてスケジューリングする

スケジューリングにおいて私が最も意識しているのは、研究発表会の前日は早く帰れるようにすることです。研究発表会のメインは、何といっても「公開授業」ですから、「授業外」に時間と労力を割かれることなく、教員も子どもも全力を出せるようにするためです。そのために行っていることを次の４つに分けて紹介します。ここでは、研究発表会が

11月に予定されていると想定します。

1 研究発表全体会に向けて

研究発表全体会では、講師に講話や講演してもらうことが多いと思いますが、発表会3か月前の8月には公開授業の指導案を講師に渡し、研究内容や方法、その時点での実践の成果と課題について説明できるようにしておきます。

加えて、講師の都合が付くようであれば8月末に来校してもらい、各学年の指導案に対するアドバイスをもらいます。このタイミングで直接指導してもらう機会をもてると、「このまま研究を進めていってよいのか」「手直しする必要があるのか」を知り、何か課題があっても早い段階で軌道修正できるようになります。

また、研究発表全体会では、研究主任（など）は研究理論を説明する時間を設けていると思いますが、そのためのプレゼンテーション資料も8月までに作成しておき（完成度は80%程度）、管理職や教育委員会のチェックを受けておきます。教育委員会によるチェック期間は1か月ほどみておくとよいでしょう。

2 研究協議会に向けて

8月までに次の事柄について構想しておき、管理職をはじめとして先生方に提案します。

・どの程度の規模で研究協議会を行うか（学年か分科会かテーマ別かなど）。
・研究協議会をどの教室で行うか。
・どれくらいの人数を想定するか。
・視聴覚関係は何をどの程度用意するか。
・司会、記録、自評、授業の趣旨説明は誰が行うか。
・どのような流れで研究協議会を行うか。

その後、公開授業を行う単元がはじまったあたりで、各学年（分科会）ごとに想定問答集を作成するよう伝えます。

3 研究紀要作成に向けて

研究紀要を作成することが決まっているのであれば、5月の段階で先生方に締切日を明示します。その後、8月末には原稿を完成してもらい、管理職の決済を経て教育委員会のチェックを受けるようにします。研究が2か年にわたるのであれば、1年次から2年次前半の原稿を用意するようにします（研究紀要の構成やつくり方については後述します）。

研究紀要を冊子にする場合は、印刷業者に依頼することになるので、研究大会が11月であれば、9月末には完成稿を入稿し制作を進めます。

4 研究発表年度の校内研究

特定の教科等の全国大会などでは、すべての学級で公開授業が行われます。そこで、夏休みに入る前までに、少なくとも学年を代表する授業者が研究授業を行うようにします。そして可能であれば、代表者だけでなく、すべての教員が提案する授業を行っておけるようにするのが理想です。

代沢小では、全員が提案する授業を行えるようにするために、研究授業A・研究授業Bに分けて進めました。研究授業Aは午後の授業をカットして全職員で協議する形にし、研究授業Bは午後の授業をカットせず、主に学年や分科会などが中心となって協議する形です。

実際に行うとなると本当にたいへんなのですが、うまく実現できれば、本番に向けて、自信をもって準備を進めていけるようになります。

＊

「授業外」の運営・庶務関係であれば、教務主任との綿密な連携が必要ですし、ほかにもさまざまな連携があります。けっして一人で抱え込むことなく、管理職をはじめとして周囲の先生方の力を借りながら進めていきます。

スタート期

研究組織をつくる

❶ 研究主任がワンマンにならない組織にする。
❷ リストアップした仕事内容に基づいて研究組織をつくる。
❸ 進捗確認と事前打ち合わせで組織を機能させる。

1 全員参加の校内研究を阻害するもの

研究主任は、管理職をはじめとして周囲の先生方からの期待がかけられます。そうした期待に応えようとモチベーションを高め、情熱をもって職務に取り組むことはすばらしいことです。ただそのとき、気を付けておくこともあります。それは、自分でも気付かないままに膨らんでしまいがちな慢心です。

決め付けるわけにはいきませんが、自分の授業に自信をもてるようになり、周囲からの評価が高まったころに訪れがちな負の自尊心のようなものですが、この感情にとらわれると、次のように思い込んでしまうおそれがあります。

「うちの学校の校内研究は、自分がいないと成り立たない！」

すると自然に、「自分が構築した理論を理解してくれない」「自分はしっかり指示しているのに、ちゃんと動いてくれない」などと、何かうまくいかないことがあるたびに、自分の考えや行いを省みることなく他者のせいにしはじめます。それでは、誰からも賛同を得ることができずに孤軍奮闘になってしまったり、自分の考えに合う先生方と派閥を形成し

資料2　代沢小の研究推進委員会組織

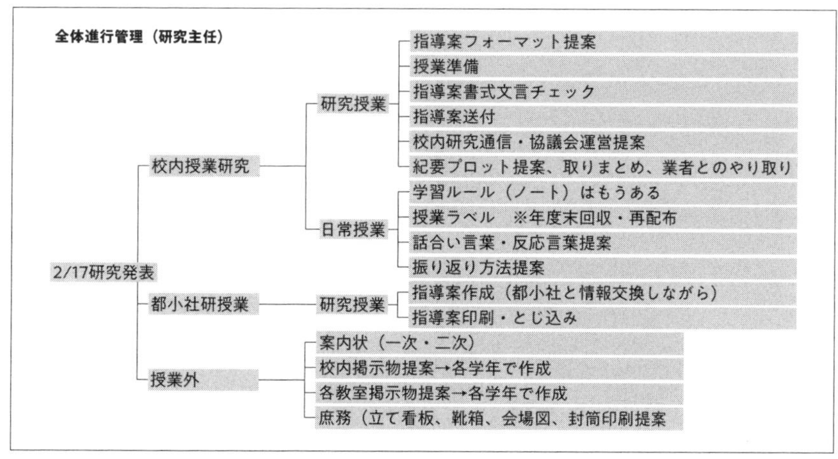

てしまったりして、全員参加の校内研究から遠ざかっていきます。

2　リストアップした仕事内容で研究組織でつくる

上記のようなことが起きないようにするには慢心しないことが第一ですが、研究組織のつくり方次第で未然に防ぐことができます。

ここでも全小社研東京大会に向けてプレ発表会を行ったときの研究組織を例にします。

前節と同様、MECEの方法を用いて、まず「授業」「授業外」の項目を立て、「授業」の下位項目には「校内授業研究」「都小社研授業（プレ発表の授業）」を設定し、さらにその下位項目を書き出しています。「授業外」の下位項目には「案内状」「掲示関係」「庶務」を書き出しています。研究推進委員については、各自の作業が明確になるように、右側の下位項目に割り当てています。このように書き出した仕事内容に、それぞれ担当者を割り振って組織図にしたのが**資料2**です。

以下、**資料2**で挙げている仕事内容のいくつかを取り上げて説明します。

・指導案フォーマット提案：指導案の基本的な形式を提案してもらう。
・紀要プロット提案、取りまとめ、業者とのやり取り：研究紀要の構成をつくり、原稿を呼びかけ、印刷会社に入稿をする中心となってもらう。
・授業ラベル：子どもたちに学習展開を示すための掲示物を作成し、年度末に回収する。

このように仕事内容と担当者をリスト化した組織にすることで、誰がどんな仕事を任されるのかが明確になります。

また、この組織図において研究主任は、「研究全体の進行管理」を担う役どころとしています。これは、リーダーというよりも、マネージャー的な色彩を強く出すことで、自分をワンマンにすることなく、研究主任一人が仕事を抱え込まないようにすることを意図しています。

加えて、「研究全体の進行管理」以外の研究主任の仕事としては、「校内研究便り」「協議会運営提案」「研究理論の構築や見直し」を担うようにしています。

「校内研究便り」は、先生方が校内研究の方向を意識したり確認したりするために行うもので、研究授業ごとに作成して配付します。具体的には、研究授業の内容や講師の講演や講話を研究理論と関連付け、次の実践を考える際の材料にしてもらいます。

「協議会運営提案」は、「全員参加」と「協議の深まり」を目指すものなので、研究主任が行うことにしています。

3 進捗確認と事前打ち合わせで組織を機能させる

各学級で取り組まれる委員会活動や係活動でも同様のことが言えますが、研究組織をつくり担当者を割り振りさえすれば組織が機能するわけではありません。しっかり組織が機能するための手だてが必要です。

加えて、学級担任であれば自分の学級の子どもたちの指導に当たることに加え、校内研究以外にも分掌されている仕事があるので、一人で何役もの仕事を同時並行で担うことになります。

このように考えるだけでも、「役割を与えたから後はよろしく」というわけにはいかないことがわかるかと思います。そこでお勧めしたいのが、随時進捗状況を確認し合えるようにすることです。

研究推進委員会は多くの場合、月１回程度設定されていることが多いと思います。研究主任はその場でどんなことを協議するのか、議題を明確にしておき、役割ごとに進捗状況を報告してもらうようにします。加えて、必要があれば、研究推進委員会を行う前に個別に進捗を確認しておきます。

もし、思うように進んでいない業務があれば、研究主任が相談に乗り、一緒に提案内容を考えたり、今後どのように進めていけばよいか、修正すべきポイントは何かを考えるようにします。

また、「指導案フォーマット」は、研究理論との関わりが非常に強いものなので、研究推進委員会などで大きな修正がいくつも入ることになると、校内研究全体の進行に影響を与えかねません。

そこで、全体に対して提案する前に、関係各所の担当者としっかり意見交換を行い、修正する必要がある箇所を見極め、事前に反映しておくようにしましょう。

研究推進委員会であれ、職員会議であれ、研究の軸となるような事柄については、（ボトムアップ式に意見をもらうことを目的として、あえて「たたき台」を提案するといった場合を除き）「とりあえず提案してその場でもらった意見をもとに修正すればいい」などとは考えないほうがよいと思います。

みなさん忙しいなかでの連携ですので、課題となりそうなことは事前に各所と調整したうえで提案するようにすれば、効率的に研究を進められるようになるだけでなく、協議の場でも建設的な意見をもらいやすくなります。

スタート期

研究全体会で「目指す子ども像」をつくる

❶「目指す子ども像」を明らかにすることを通して校内研究の方向性を明確にしていく。

❷ 研究全体会の場で「目指す子ども像」について協議する。

❸ 研究理論をつくるプロセスに全員が関われるようにする。

1 研究全体会で「目指す子ども像」を共通理解する

研究主題は、研究の領域・目標・方法を端的に示すものですが、このうちの「目標」を具体化したものが「目指す子ども像」です。授業改善を通じて実現する自校の子どもたちの育ち（変容）を表すものであり、校内研究が無事ゴールできたかを測るものさしにほかなりません。

以前、先生方から出された「きらきらと目を輝かせる子ども」（子ども像）に対して行った、ある校長先生の指摘が記憶に強く残っています。

「そうしたい気持ちはわかりますが、研究的には意味をなさない子ども像になっていますよ」

これは、何がどうなっていたら、子どもがきらきらと目を輝かせていることになるのかが、先生方によってとらえ方が大きく異なるから、成果も課題も導き出せない、というのがその理由でした。

先生方が「よし！こんな子どもたちを育てよう」とモチベーションを高められる「子ども像」であることは大切なことなのですが、研究の目標が達成できたかどうか、つまり「できたか・できなかったか」をどの先生方も判断できるものとなっている必要があるということです。

資料3　フォーマット

ミニ研究全体会（各学年での話し合いをご記入ください）　2022．7．20　研究推進委員会

【ミニ研究全体会の目的】
①各学年からの意見を集約することで、これまでの授業スタイル（代沢小通常スタイル）と代沢小Agencyスタイルとの理論の整理を行う。
②各学年で生活科・社会科における学年としての目指す子ども像を話し合うことを通して、見通しをもって資質・能力を育成することができる。

	代沢小通常スタイル	代沢小Agencyスタイル
何のためにその授業スタイルをするのか		
生活科・社会科における学年として目指す子ども像		
どの単元で行うか	〔日常的な授業〕	学期に1回程度？
その単元で行う場合の手立てのアイデア		
自由記述欄	（ex.Agencyスタイルをするにあたってのアイデア）	

こうしたことから、5月中に研究全体会を開催し、その場で「研究に資する目指す子ども像とはどのようなものか」を共通理解したうえで設定することが望まれます。

こうした先生方のやりとりを通して、抽象度の高い「研究主題」と、具体性の高い「子どもの姿」が往還され、校内研究の方向性が明確になっていきます。

2 「目指す子ども像」に向けた準備

「単元内自由進度」の授業スタイルを提案の軸とした本校でも、研究全体会の場で「目指す子ども像」を検討しています。その際、次に紹介する手続きを経ながら「目指す子ども像」を明らかにしています。

1 研究全体会の枠組みをつくる

目指す子ども像を検討するに当たって**資料3**（シート）を用意しています。

本校では、「単元内自由進度」を提案の軸に据えた関係上、最上段は「一斉指導型のスタイル（代沢小通常スタイル）」と「個別追究型のスタイ

ル（代沢小Agencyスタイル）」それぞれの目的を記入する欄を設け、それぞれに対応した「教科としての目指す子どもの姿」を記入するとともに、各スタイルはどの単元で行えそうか、どのような手だてが考えられるかを書くようにしています。

校内研究におけるいずれの階層においても、「何のためにそうするのか」を明確にしておくことが欠かせませんが、「目指す子ども像」においても同様です。

本校の研究の場合には、「一斉指導型の学習を通じて養った力をどのように個別追究型の学習につなげ、子どものもつ力をさらに伸ばしていくか」を明らかにすることを目指していました。このような意図から、「目指す子ども像」を明らかにするためのシートを研究推進委員会が用意し、研究全体会で提案することにしたわけです。

2 学年（分科会）でグループ協議を行う

資料3のシートは、Microsoft Teamsにアップロードしておき、学年（分科会）ごとに協議してもらいながら共同編集したもので、**資料4**は第3・4学年に記入してもらったものです。

自由記述欄には、個別追究型の学習を授業に取り入れるに当たって、不安に思う点やリスクが大きいと感じる点、一斉指導型の学習も同時に取り入れることの意味について記述してもらっています。いずれも、本校における「目指す子ども像」を明確にし、どのように実現していくのかを示唆するものとしています。

3 研究推進委員会で整理する

各学年（分科会）が完成させたシートを網羅的に整理したものが、次頁の**資料5**です。

このように一覧にまとめることで、「どのようなところに課題があるのか」「どのような可能性を見いだせるか」「どのような見通しをもてるか」などを、比較・分類しながら協議する資料となりました。

資料４（第１章の資料３を再掲）
ミニ研究全体会（各学年での話し合いをご記入ください）　　2022.7.20研究推進委員会

【ミニ研究全体会の目的】
①各学年からの意見を集約することで、これまでの授業スタイル（代沢小通常スタイル）と代沢小Agencyスタイルとの理論の整理を行う。
②各学年で生活科・社会科における学年としての目指す子ども像を話し合うことを通して、見通しをもって資質・能力を育成することができる。

	代沢小通常スタイル	代沢小Agencyスタイル
何のためにその授業スタイルをするのか	○指導事項を確実に押さえることができる。 →事実の確認だけで終わらずに、思考を深める発問を用いることができ、生活との繋がりを考えることができるようにする。 ・ゴミ収集車がなぜそのようなことができるのかを、踏み込んで考えることができるようになる。（工夫や努力を行っていることを全員が気付くことができる可能性を高めることができる）。 ・１つのゴールを目指して、手順を行っていく。 ・発問：さまざまな考えが出るもの、考えに広がりが出るものを好んでいる。	・自分で資料を見つける喜びを感じることができる。 ・意欲を高めることができる。 ★こちらのスタイルの方が考えが深まると言いたい。 →自分から問いを見つけることができるようになると、深まる。 ※どんな時に、どのスタイルを選ぶか。 ※図工の造形遊びに近い。大きな広がりになるので、身につけるべきことを意識したい。外れて来たときに、教師が戻したり引き上げたりする必要もあると考えられる。
生活科・社会科における学年として目指す子ども像	○事実から意味を考えられる子 ○資料から問いをもてる子（調べる段階であっても） ○自分の中で問いを持つ→情報を集めて考える一問いを持つが繰り返される。 ○Agencyスタイルの場合、中学年としては教師が用意してくれた資料から、自分で情報を見つけ思考することができる。→高学年になったら、自分で資料を見つけられるようになってほしい。	
どの単元で行うか	〔日常的な授業〕	学期に１回程度? ・３年生「商店の仕事」「世田谷区の移り変わり」? ・４年生「水害」
その単元で行う場合の手立てのアイデア		○自分で学習を進めることが苦手な子どもたちをどうするか。 →図工：教師による確認。スモールステップ。「ミニ先生」。活動の中で、役割を持たせて活動できるようにしている。 ※教師は手を出してはいけないのではなく、必要に応じてサポートをする。 ・段階に応じて、どの段階から取り組ませるかを判断する。 ・ワークシートの用意。
自由記述欄	(ex.Agencyスタイルをするにあたってのアイデア) (昨年までのご指導) ・社会科としての基本的なノート指導 ・資料を教師が意図して作るように指導をいただいていたが、それはどう捉えれば良いのか。	

そのようにしてできあがったのが、次の４つの子ども像です。

・自分の成長を実感している。
・協働的な学習の価値を感じている。
・社会的事象への理解を深め、関わろうとしている。
・自力で問題解決ができる。

研究全体会という場を活用して、「目指す子ども像」を固めていくことのもう一つの目的は、研究理論をつくるプロセスに全員が参加できるようにすることです。一見すると遠回りのように見えるかもしれませんが、研究推進委員会だけでつくってしまうよりもはるかに民主的で、先生方の理解を得やすくなります。

資料5

	目指す子ども像	通常スタイルの目的	通常スタイルの手
低学年	友達のいいところを見付けられる ・自分のよさに気付き、自信をもって活動することができる。 ・友達のいいところを取り入れ、考えを深めることができる。 ・自然や地域のよさに気付き、そのよさを進んで伝えることができる。	活動、表現の仕方を学ぶ ・見たこと、聞いたことを比較し、以前の様子と比べ気づきを増やす。 ・観察の視点（どのような視点で観察したら良いか） ・文章の書き方 ・絵の書き方	話し方、発表の仕方（付とか） 引き出しを増やす、与える お手本 真似をする
中学年	○事実から意味を考えられる子 ○資料から問いをもてる子（調べる段階であっても） ○自分の中で問いを持つ→情報を集めて考える→問いを持つが繰り返される。 ○Agencyスタイルの場合、中学年としては教師が用意してくれた資料から、自分で情報を見つけ思考することができる。→高学年になったら、自分で資料を見つけられるようになってほしい。	○指導事項を確実に押さえることができる。 →事実の確認だけで終わらずに、思考を深める発問を用いることができ、生活との繋がりを考えることができるようにする。 ・ゴミ収集車がなぜそのようなことができるのかを、踏み込んで考えることができるようになる（工夫や努力を行っていることを全員が気付くことができる可能性を高めることができる）。 ・１つのゴールを目指して、手順を行っていく。 ・発問：さまざまな考えが出るもの、考えに広がりが出るものを好んでいる。	
高学年	（５年） ○学習問題作りで、気付いたことから疑問をもつことができる。（態度） ○学習計画作りでは、予想から調べる内容や順序など見通しをもつことができる。 ○調べる段階では、問いに沿って学習問題を解決するために調べたことと学習問題とのつながりや関係を結び付けながら考えを深めることができる。（知技・思考） ○まとめる段階では、調べたことを関連図や様々な思考ツールに整理して表現し、学習問題に対する考えをもつことができる。（思考） ◎クラスみんなで学習問題を解決するために協働しようとすることができる。（態度） ○学び方（目的・内容・方法・順序・考え方やまとめ方）を考え、追究することができる。 ・何のために調べるのか【目的】・何を調べればよいのか【内容】 ・どうやって調べるのか【方法】・何から調べるとよいのか。【順序】 ・調べたことをどのように表現するか（思考ツールなどの選択）【考え方】 ○学習問題の解決に向けて協働することができる。 ・相手のよさを生かす。 ・批判的思考をもって話し合う。考えを広げ、深める話し合いができる。 （６年） ・自分で必要な知識・情報を集めることができる子 ・調べたことに対して思考して自分の考えをもつことができる子	（１）見方・考え方を働かせた社会科の問題解決的な学び方を身に付けるため。 ①教師の資料提示や問いを通して児童が社会的な見方、考え方を働かせながら社会的事象を追究できるようにするため。 【見方】位置や空間的な広がり・時期や時間の経過・事象や人々の相互関係 【考え方】 比較　分類　総合　人々の生活と関連付け ②既習事項を生かしながら考えを深めることができるようにするため。 （２）クラス全体で学習問題を解決するために追究していこうとする学級風土を作るため。 基盤づくり 資料を調べる力　必要な資料を集める力　まとめる力 共有することで学ぶ	

だて	Agencyスタイルの目的	Agencyスタイルの手だて	備考欄
け足し てあげ	気づきや考えを広げる ・こんな、いいことがあったよ ・そのアイディアいいね ・どうして、そう思ったの		遊び方を広げていく　1人が作ったどんぐりのおもちゃ　みんなでこう遊べるね、ああ遊べるよ　この対話はエージェンシー？ Agencyスタイルを、浸透させるためには低学年でどんな力を付けておくとよいか。 現在継続していること：ハンドサイン、友達のいいところ見付け、朝の会スピーチ
	・自分で資料を見つける喜びを感じることができる。 ・意欲を高めることができる。 ★こちらのスタイルの方が考えが深まると言いたい。 →自分から問いを見つけることができるようになると、深まる。 ※どんな時に、どのスタイルを選ぶか。 ※図工の造形遊びに近い。大きな広がりになるので、身につけるべきことを意識したい。外れて来たときに、教師が戻したり引き上げたりする必要もあると考えられる。	○自分で学習を進めることが苦手な子どもたちをどうするか。 →図工：教師による確認。スモールステップ。「ミニ先生」。活動の中で、役割を持たせて活動できるようにしている。 ※教師は手を出してはいけないのではなく、必要に応じてサポートをする。 ・段階に応じて、どの段階から取り組ませるかを判断する。 ・ワークシートの用意。	(昨年までのご指導) ・社会科としての基本的なノート指導 ・資料を教師が意図して作るように指導をいただいていたが、それはどう捉えれば良いのか。
	児童が通常スタイルで身に付けた社会的な見方・考え方を発揮しながら問題解決したり、さらに追究したいことを調べたり考えたりしながら児童の行為主体性を育んでいくため。 学ぶ意欲の向上 自主性を重視 課題を見付ける力、課題を解決する力　自分のこととして捉えられるようになる。	①調べる段階…米づくりの学習の活用として ④調べる段階…問いの精選が必要 ⑥調べる段階…４年生の防災との関連 ⑧調べる段階…学級内で選択、ジグソー ⑨⑧の学習内容と合わせて単元計画を作成してもいいかも、、、 ⑪調べる段階	代沢小通常スタイルは練習の場（学習内容＋社会科の基礎・基本的な学び方を学ぶ場） 代沢小Agencyスタイルは試合の場（学習内容＋見方・考え方を自ら発揮して学ぶ場） 練習したことを試合で発揮し、試合で発揮するために練習するという学びのサイクルの中に児童の行為主体性が育まれていくと考える。 評価の考え方も従来の評価規準を当てはめられるところと、新たな考え方を用いるところの両面から検討していきたい。 Agencyをどこで働かせられるか、勉強不足のため自信なし

実践期

対話が闊達になる研究協議会にする

❶ 研究協議会は教員全員のアウトプットの場とする。

❷ 校内研究の価値を全員で共有できるようにする。

❸ 研究協議会は、教員同士の対話によって充実するものとなるよう努める。

1 研究協議会において重視していること

研究協議会において重視していることは次の３つです。

第１は、教員全員がアウトプットできる場にすることです。この点については、ここまで繰り返し述べてきたとおりです。

第２は、校内研究としての価値を全員で共有できる場にすることです。

しばしば「研究授業をやった本人が一番得をするよ」という言葉を耳にします。若手を育成する研修であれば、発問の仕方や指名の仕方など、指導技術の向上が主となるでしょうから、事実そのとおりなのですが、校内研究としては不十分だとも感じます。

校内研究において研究授業は、研究理論の具体化・実践化を目指し、研究協議会では授業者に提案してもらった授業を検証し、今後の校内研究に活かすことが目的です。裏を返せば、先生方と協議し、効果検証できる研究授業であってこそ意味があるということです。

第３は、どの教員であっても研究協議会を進められるようにすることです。職人のように司会者が参加者の意見を上手に捌きながら協議会の流れをつくっていくというよりも、（システマチックに進めながらも）参加者同士の対話によって自然と議論が深まっていくのが理想です（この点については第３章で詳述します）。

一口に研究協議会といってもさまざまな取組方がありますので、それらを上手に組み合わせることが大切です。

2 研究協議会の型を踏まえたうえで組み合わせを考える

研究協議会は、およそ次のような流れで進められます。

①管理職挨拶・講師紹介
②授業提案・授業者自評
③研究協議
④講師指導講評
⑤謝辞
⑥閉会の挨拶

本節ではこのうち、「③研究協議」にフォーカスし、私の経験に基づき、「**1** 進行の型」「**2** ツール」「**3** グループ編成」の３つの視点から述べていきます。

1 進行の型

①全体で進行する型

全体で進行する場合には、一斉指導型の授業のように、司会者が参観者に発言を促しながら協議会を進めていきます。司会者の力量が高ければ、他の教員の参考になる論点がシャープに提示される一方で、参加者の発言が少なくなる傾向があります。

②グループ協議を入れて進行する型

グループ協議を入れた場合には、①とは対照的に参加者の発言が多くなる傾向があり、協議会への教員の参加度があがります。その一方で、十分な時間を確保するのがむずかしい点と、グループごとに発表してもらう際にグループ内の発言を取捨選択せざるを得なくなるといった点がデメリットとして挙げられます。

なお、グループ協議を取り入れる際には、管理職の挨拶の前に設定するとよいでしょう。時間確保につながります。

2 ツール

①短冊・付箋

青色と赤色の短冊・付箋を用意し、例えば「青は成果だと感じること」「赤は課題だと感じること」などといったように色分けのルールを示しておきます。そのうえで各自が短冊や付箋に書き込み、分類・整理しながら掲示します。そうすることで、各自が感じた「成果と課題」を網羅的に集約することができます。

ほかにも、短冊・付箋を３色用意し、それぞれ「質問」「意見」「改善案」とする方法もあります。これは、協議の深まりを期して行う方法です。

何種類の短冊・付箋を用意し、そこにどんなルールを課すかは、その日の協議で何を明らかにしたいのか次第なので、どのような意図でツールを活用するのかを研究推進委員会などで共有しておき、事前に仲間とロールプレイしておくのも手です。そうすることで、司会進行もスムーズになるでしょう。

②模造紙

ファシリテーション・グラフィックという手法があります。これは、グループ協議において特に有効で、メンバーの発言をそのつど模造紙などに記していき、対話しながら矢印でつないだり、吹き出しを付けたりしながら、協議内容や論点を視覚的に一目でわかるようにする手法です（資料6）。

また、メンバー間の対話が活発になりやすいといった効用もあります。授業で子どもたちの発言を板書しながら価値付けたり構造化するようなイメージで進めるとよいでしょう。

資料6

③ICT（タブレット端末）活用

①と②はそれぞれアナログツールとも言うべきものですが、ICT機器を活用して行うのもよいでしょう。同時編集できたり記録管理が容易になったりするという利点があります。

ただし、デジタルツールに慣れていないうちは、入力することに気を取られてしまい、肝心の対話が活性化しなくなることもあります。文字にせよ矢印や吹き出しにせよ、直感的な書き込みはフリーハンドに軍配が上がりますので、アナログとデジタルそれぞれのメリット・デメリットを考慮したうえで、取り入れるとよいでしょう。

3 グループの編成方法

グループの編成方法には、大きく分けて次の２つがあります。

１つは、学年（または分科会）単位で行うグループ協議で、共通の課題意識をもとにして協議を進めることができます。

もう１つは、経験年数別（経験校数別）のグループで、メンバー間の経験年数が近いことでお互いに発言しやすくなるメリットがあります。

＊

研究協議会の運営方法については、最初の研究授業までに決めておきます。その席では、研究主任が司会者となって「研究協議会の進め方」をたたき台として提示し、意見をもらうようにするのもよいでしょう。

加えて、一度決めたらそれで必ず進めるといった固い考え方ではなく、研究協議会のもち方についても、先生方の意見を聞きながら、必要に応じて柔軟に変えていくことが望まれます。

実践期

研究授業を参観する意図や目的を共通理解する

❶ その研究授業の意図や目的を参観者に理解してもらう。

❷「授業を見る視点」を示して共通認識のもとで授業を見る。

❸「個別追究」を取り入れた授業の場合には、特定の子どもに注目して参観する。

1 その研究授業の意図や目的を参観者に理解してもらう

研究授業が校内研究に資するには、学習内容や授業展開が研究に即したものとなっていることは言うまでもありませんが、それだけでは不十分です。その研究授業の意図や目的、目指す子ども像に向けた複数の手だてが、参観する先生方との間で共通理解が図られている必要があるからです。それらが、「研究授業を見る視点」（資料7）となります。

こうした視点をもって研究授業を見るからこそ、子どもの姿（発言、記述など）をどう見取ればよいかがイメージされ、「実現できていることは何か」「足りていないことは何か」をもち寄って協議し、次につながる授業改善の方略や方途を見いだせるようになるのです。

2 あらかじめ研究授業を見る視点に目を通しておいてもらう

1 授業を見る視点プリント

研究授業を参観するに当たっては指導案に目を通しておくことが大切

資料7　研究授業を見る視点を得るための授業の構成要素（本校の校内研究の場合）

□研究主題に迫るための手だて（本時での手だて）

(1)　主体的に問いを追究する工夫

第１・２時では現在の水事情と1950～1960年代の水事情を教材として提示する。これによって、状況が大きく改善され安全な水道水が安定的に使えるようになっていることに気付き、子どもがその要因に強い問題意識をもつようになると考えたからである。

第３時では水道に関わる地図を基に学習計画を作り、調べる問いを設定する。この問いについては「どのようなことをしているのか」「誰が関わっているのか」「安定供給とどうつながっているのか」を調べるようにし、第４から６時の追究段階で見通しをもって取り組めるようにする。

また、第９時（「つなぐ」段階）は、1996年以降の水不足の状況と節水に関する都民の協力を取り上げる。本小単元の学習前から、子どもは「節水は大切である」と考えており、その理由を「資源の無駄遣いとなるから」など抽象的に捉えている。そこで、給水制限に至らずに済んでいる理由が、節水への協力の増加であることに着目させ、都民の一人として節水に取り組むことが社会全体の利益につながることに気付けるようにする。こうすることで、一人一人が節水に取り組む必要性を感じ、よりよい社会に向けてかかわり方を考えようとする態度の形成につながると考えた。

(2)　社会的事象の見方・考え方が働く学習活動の工夫

社会的事象の見方・考え方が働くようにするために、第４から６時における追究場面で、空間的な視点、相互関係的な視点を基にして調べ、データチャートに整理するようにする。具体的には、水源林の働き、ダムの働き浄水場の働きを調べるようにする。ここでは３つの項目を設けたデータチャート（表）に各自が調べたことを整理できるようにする。これはタブレット端末上で記述するようにし、子ども同士で共有したり必要に応じて修正作業が簡単に行えたりするようにする。

また、第４から６時の追究場面では、一人一人が学習の順序や資料を選択し、調べまとめるようにする。ここでは考えが深まるよう、データチャートへの記入を行わせたり、周囲と相談して考えを確かめ合ったり必要に応じて教師が個別で助言したりする場面を設ける。また、各問いについて学習問題とのつながりを考え、それぞれの設備の働きと飲料水の安定供給とのつながりについて考えをまとめるようにさせる。こうすることで、羅列的になっていた事実を関連付け、飲料水の確保について考えることができるようになると考えた。

(3)　子どもの学びを確かにする評価

学習問題を設定した後に、本小単元における学習の目標を子どもと設定する。評価は「★・◎・○・△」の４段階とし、子どもの実態と本小単元の内容を考慮し、以下の指標を目安として設定する。

★：問いについて見付けたことを表の正しいところに書き、学習問題とつなげてまとめを書いている。３年生の時の学習や「東京都の様子」の学習ともつなげて考えている。
◎：問いについて見付けたことを表の正しいところに書き、学習問題とつなげてまとめを書いている。
○：問いと関係のあることを見付け、表の正しいところに書いている。
△：調べる問いと関係ないことを書いている。

ここで提示した学習の目標を基に、第６・８時、単元終了後に振り返りを行う。第６・８時は自分の追究状況を自己評価し、その後の学習の改善や社会的事象への理解の深まりを意識させるためである。また、単元終了後は単元全体の自分の学びを総括して次単元の学習改善を意識させるためである。

このようにすることで、子ども自身が主体的・対話的で深い学びを意識できるようにし、小単元全体を通して自分の学びを振り返ることで自己の学びの調整を自覚できるようにしていく。

□授業を見る視点（以下の子どもの姿が現われているか。手立ては以下の子どもの姿に有効だったか）資料で調べ、水源林、ダム、浄水場の働きを理解することができる。（知識・技能）

ですが、「その授業をどう見れば、研究協議会の場で研究に資する発言材料を得られるか」については、案外わかりにくいものです。そこで、Ａ４版１枚程度で作成した「研究授業を見る視点」をあらかじめ読んでおいてもらえば、目指す子どもの姿を複数の目（参加者の目）で見てもらいやすくなります。

2 協議の視点としてのワークシート

研究協議会でグループ協議を行う際、**資料8**のようなシートを配付しておき、協議しながら書き込んでもらうという方法もあります（ICT機器を活用して共同編集するのもよいでしょう）。そうすることで、よりいっそう研究授業の意図や目的に沿って意見を交わし合うことができるようになります。

このシートには、次の２つの工夫を盛り込んでいます。

一つ目は、シート最上段で研究主題を示しておき、参観者の意見との関連を視覚的にとらえられるようにすることです。

二つ目は、手だてに関わる中項目を示し、今回の研究授業で実際に見られた子どもの姿と、授業者が行った手だてとの相関を論じ合えるようにすることです。

3 授業スタイルの違いを説明し、参観方法を伝える

単元内自由進度学習をはじめとして、授業に「個別追究」を取り入れた研究を進めていく場合、これまでにはなかったむずかしさが表面化しました。その一つに挙げられるのが、授業記録です。

これまでであれば、教師と子どもとのやりとりを「Ｔ」「Ｃ」で記録することができましたが、「個別追究」ではそれができません。子ども同士が自分で活動を決めて学習を進めていくからです（従来の一斉指導型の授業であれば、「Ｔ」「Ｃ」は今後とも有効な授業記録でありつづけると思いま

資料８
「自分から学習を『創る』子どもの育成」－「個に応じた学習過程」を重視して－
5/1（水）４年生「水はどこから」　　　　　　　　　　　　　　Aグループ（　　　　　　　　）

	主体的に問いを追究する工夫	社会的事象の見方・考え方が働く学習活動の工夫	子どもの学びを確かにする評価の工夫
感想・意見			
質問			

す）。

加えて、「個別追究」では一つの教室内で同時並行的に多様な活動が行われます。そのため、授業全体の様子を記録できないばかりか、子ども一人一人の活動の様子を一人で記録することもできません（無理に全体を俯瞰しようとすると、個々の様子が見えなくなり、「みんながんばっているなぁ」といった印象しかもてません）。

そこで本校では、「特定の子どもを記録対象に選定して授業を見る」という手法を採用することにしました。

・Ａさんは、何の問いから学習をはじめたのか。
・Ａさんは、Ｂさんとどのような協力をしていたのか。
・Ａさんは、友達に意見をもらって、どのようにまとめを修正したのか。
・教師はＡさんに対して、どのような言葉をかけたのか　など。

といっても、参観者全員で同じ子どもを見ているわけではありません。それぞれ見取る子どもを決め、それぞれの目線から子どもの姿（発話・記述）を記録するという方法です。

そして、研究協議会では、自分たちが記録した子どもの姿をもち寄り、照らし合わせることを通して研究授業の実際を検証するようにしたのです。

検証期

研究便りを定期的に発行する

❶ 研究便りは成果共有と理解促進のために発行する。
❷ 研究便りには実践の振り返りと研究理論の整理を盛り込む。
❸ ルーティーン化して定期発行を続けられるようにする。

1 研究便りは成果共有と理解促進のために発行する

結論から先に言うと、（見出しのとおり）研究便りは研究成果を共有し、研究への理解を促すために発行するものです。研究主任として必ず発行しなければならないわけではありませんが、私自身取り組んでいて、定期発行する意義と効果を実感しています。

試しに、Gemini（生成AI）を使ってみたところ、次の回答が出力されました（2024/8/16アクセス）。

①研究の成果を共有し、理解を深める。
②研究に対する意識を高め、活発な議論を促す。
③学校の教育目標達成に貢献する。
④保護者や地域社会に情報発信する。
⑤自己評価と改善のサイクルを確立する。

およそ私の考えとも合致する回答でしたが、私は次に挙げる２点を特に重視しています。

第１の目的は、各学年で（研究授業を含めた）研究授業を振り返る機会をつくることです。

研究授業を行うことの目的や意義は他の項で述べたとおりですが、授業者にしてみれば、研究授業をつくるのは（学年や分科会と協働して行うにしても）たいへんな労力を要します。そのため、本時の授業がモチベーションのピークになってしまい、その後の「実践としてのまとめ」が疎かになってしまうことがあります。

こうした点に鑑み、研究便りを発行・配付することを通して、各学年で研究授業を振り返る機会にしてもらいます。ほかにも、校内研究の現在の状況や今後の流れなどを周知する手段としても活用しています。

第２の目的は、整理・改善・発展を進めた研究理論（や研究内容）の進捗状況や改善の方向を、先生方に周知することです。

研究授業、研究協議会、講師による指導講評には、研究理論を改善・発展させる示唆に富んでいます。こうした点を研究主任の理解に留めるのではなく、それを研究便りにまとめて周知します。そうすることで、授業者（やその学年・分科会）に対してはもちろんのこと、教員一人一人が自分の授業を改善するヒントやきっかけにしてもらうことができます。

2 実践の振り返りと研究理論の整理を盛り込む

1 各学年での実践の振り返り

各学年で行った実践を振り返ってもらうための研究便りについては、基本的なフォーマットを用意しておき、それに基づき、各学年ごとの研究推進委員に実践の振り返りをまとめてもらいます。

最上段は「本時の様子」、中段は「研究協議の様子」、下段は「講師の先生の指導講評」という構成とし、研究授業後、１週間以内に発行します。

2 研究理論の整理と実践の積み上げ

提案授業や協議会、講師指導講評に基づいて研究理論を整理したり、その後の学年の実践に活かしたりするための研究便りの形もあります。

校内研究全体を俯瞰する内容となるので、研究主任がまとめます。

資料9は、代沢小で行った4年生の研究授業後の研究便りです。前半部分では授業の様子を掲載し、後半部分では協議会や講師による指導講評の内容を掲載しています。

研究主任自身が発行する場合は、（可能であれば）研究授業を行った日にまとめ、翌日には周知できるようにします。先生方の記憶が薄れないうちに共有し、次の実践に活かしてもらうことが目的です。

またこの研究便りは、1部だけプリントアウトして、先生方の目に入りやすい場所（例えばコピー機周辺）に掲示するとともに、校内のTeamsを活用して配信します。

3 ルーティーン化して定期発行を続けられるようにする

研究便りに限らず、学級便りをまとめるのが得意な教員がいます。そうした教員は、ブログ記事のようにまとめたり、ちょっとしたコラムを付けたりするなど、作成するのを苦にしません。しかし、なかには苦手な教員もいることでしょう。

私自身も、けっして得意ではありませんので、継続的に行えるよう次のようにルーティン化しています。

- 研究便りに何を乗せるか、その要素や枠を決めておき、定型化しておく。
- 研究便りをまとめることを念頭に入れて授業記録をとる。
- 協議会や指導講評のメモを取りながら、研究便りに載せたほうがよいと感じた箇所に印を付けておき、文章化しやすいようにしておく。

このように、その場でそのつどキーワードやちょっとした文章をまとめるようにすると、その日の校内研究が終わるころには、研究便りの原型がほぼできあがっています。後は、補足する画像を貼り付け、文章の

資料９　研究便りの例

校内研究だより

社会とつながり未来を創る子供の育成

２０２３年５月22日（月）４号　　研究主任　横田　富信

【つなぐ「社会との関わりを多角的に考えるには」】

４年「水はどこから」

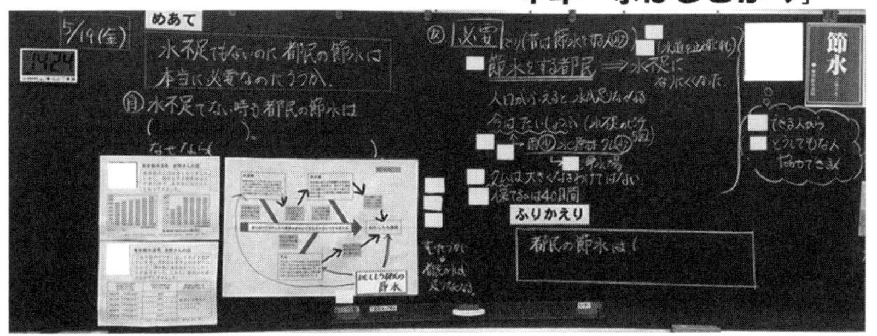

５月19日（金）、22日（月）、23日（火）に４年生による研究授業が行われました。６年生の研究授業を受け、「学習問題作り」「個別追究」「つなぐ段階」を提案しました。

５月19日について、講師の○○先生から「つなぐ」の授業の学習活動や子どもの考えの広げ方、多角的な話し合いについてご指導いただきました。私が学んだ「つなぐ」のポイントは次の３つです。

①「つなぐ段階」での新資料は、子どもの多様な考えを引き出すものとする。

②「トゥールミンモデル」の考え方を生かし、多様な視点からその事象の特徴を踏まえて考えるようにする。

③４年生段階で「論理的な考えを書く」には、文章のみではなくシンキングツールなど構造的に整理できるものを使う。

次の号で、４年「水はどこから」での「学習問題作り」「個別追究」の授業の様子と講師講評についてお伝えいたします。

つながりなどを推敲すれば完成です。

これらは、あくまでも私の行っているルーティンですので、もっと効率のよい方法もあるでしょう。なによりもご自身で無理なく継続的に行えるようにすることが大切ですので、まとめるのが得意な先生などにアドバイスをもらいながら考えてみるのもよいでしょう。

検証期

研究紀要フォーマットをつくる

❶ 研究紀要は成果を広め、校内研究の結果を整理するために作成する。
❷ フォーマットやページ構成を固めておく。
❸ 研究紀要の作成スケジュールをしっかり管理する。

1 研究紀要を何のためにつくるのか

研究紀要とは、その年の校内研究の理論や実践、成果や課題などを冊子（場合によってはデジタルデータ）にまとめ、他の学校や地域の教育力向上に貢献しようとする試みですが、「働き方改革」が叫ばれる今日、「研究紀要をつくる必要はあるのか」などと疑問視する声を聞くこともあります。

正直なところ、構成を考え、原稿を依頼し、各自が執筆した原稿を整理したり、データを分析・考察しながら成果と課題をまとめたりしながら冊子にまとめるのはたいへんな労力が必要です。

実際、研究紀要を制作しないこととしている学校もあることでしょう。それに対して、規模の大きな研究発表会を請け負った場合などには、研究紀要を制作することがマストとなっていることが多いと思います。

とはいえ、冊子にまとめないとしても、１年間（または数年間）取り組んだことにはどのような成果や課題があるのかを整理し、先生方で共通理解を図る必要はあると思います。

こうした点に鑑み、本節ではどのように研究紀要を制作すればよいかについて紹介したいと思います。

2 研究紀要のフォーマット例

1 目次と内容

経堂小で制作した研究紀要は以下に挙げる項目で構成していましたが、他の学校の研究紀要と比べてもそれほど大きく異なってはいないオーソドックスな構成かと思います。

①あいさつ
②研究主題の説明
③研究理論
④各学年の実践・実践の成果と課題
⑤全体の成果と課題
⑥謝辞（おわりに）

①については、管理職（校長）に書いてもらうのが一般的です。

②については、学校として「研究主題」をどのようにとらえているのかを説明する箇所です。

他の節でも紹介したとおり、経堂小では「自分の力を役立てようとする」ことを研究主題として掲げていましたが、この研究主題においては、子どもたちのどのような学びの姿が想定されていたか、どのような成長を見込んでいたのかといった「学校としての解釈」を盛り込みます。

加えて、学習指導要領上の位置付けはどうなっているか、どのような点で、地区（経堂小であれば世田谷区教育委員会）が掲げる教育方針に資するものとなっているかについても触れます。また、「目指す子ども像」を明記するのも、この②です。

③については、どのような考え方・方法を用いて「目指す子ども像」に迫っていくのかを説明する箇所です。

経堂小では「学び合いの充実」「振り返りの充実」を手だての柱とし

て設定し、前者については、さらに「主体的に追究していくための工夫」「学習展開の工夫」「交流活動の工夫」についてまとめています。

④については、年間を通じて行った研究授業の指導案や学年（分科会）の提案内容、実践の経過や具体的な子どもの記述（や発話）、研究協議会における協議内容や講師指導講評を掲載し、学年（分科会）としての成果と課題をまとめます。

⑤については、子どもたちを対象に行った意識調査（アンケート）の結果などを分析し、校内研究を通して子どもたちにどのような変容があったのか、その変容は何によって生まれたのものなのかを考察します。

その際、（前の節でも指摘したとおり）数値の分析はあくまでも全体的な傾向を知ることにとどまりますから、④で示した各学年の成果と課題を集約し、先生方の肌感覚とも照らし合わせることで「学校全体としての成果と課題」としてまとめます。

⑥については、管理職（副校長・教頭）に書いてもらうのが一般的です。

2 ページ構成

各原稿をまとめるに当たっては、上記に挙げた①～⑥のページの割り振りをどうするかを決めておきます。

研究紀要は横書きが多いと思いますので、①のあいさつを奇数ページにしておき、各学年ページのはじまりを偶数ページにして見開き構成とするか、すべて奇数ページ起こしにするのかを明確にしておくということです。

資料10は、経堂小の同僚が作成した構成表（一部）です。これが、研究紀要を制作する際の設計図となりますので、事前に作成しておき、1頁の字数とともに先生方に共有しておきます。

そうすれば、（後々、微調整は必要になるものの）原稿執筆後、行間を狭めて文章を詰め込んだり、逆に行間を広げてスカスカになったりすることがなくなり、読みやすい研究紀要になります。

資料10　研究紀要の構成表

うら表紙	目次 1	はじめに 2	I研究内容 （中表紙） 3	余白 4	I研究の 内容 5	6	7
8	9	10	11	12	II研究の実践 （中表紙） 13	各学年 提案 偶数P	各学年 指導案 奇数P
偶	各学年 成果と課題 奇	余白 偶	III研究の成果 と課題 （中表紙） 奇	余白 偶	III研究の成果 と課題 奇	おわりに 講師・教員 紹介 偶	余白 奇

3 研究紀要の作成スケジュールをしっかり管理する

年度末に冊子として完成させるには、1月中旬に原稿チェックを終えておく必要があります。そうすれば2月初頭には印刷所に入稿でき、3月中旬ころにはできあがります。

逆算しますと、7月の職員会議等で各学年用の原稿フォーマットを提案して了解を得ておき、12月中旬ごろにはすべての原稿が揃っている必要があります。

日程が不明瞭で作業全体が押してしまうと、先生方の徒労感が増します。そのようなことのないようスケジュールを管理することが大切です。

検証期

原稿を適切に編集して研究紀要を仕上げる

❶ 内容を確認し、体裁を整える。
❷ 表記のゆれを修正する。
❸ チェックの手順を明確にする。

各原稿が集まったら、次に挙げる編集作業にとりかかります。

1 内容を確認する

次に挙げる視点に基づき、一つ一つの原稿の内容をチェックします。

・単元の方向性は、学習指導要領と照らし合わせて妥当か。
・子どもの記述とその解釈は研究理論との整合性が取れているか。
・数値に間違いはないか。
・用語の使い方は適切か。
・人権に配慮した表現になっているか。
・著作権を侵害していないか　など。

2 体裁を整える

以下は、読者目線で少しでも読みやすくするチェック事項です。

・見出しに振る連番の仕方は統一されているか（1→⑴→①など）。

・フォントの使い方は統一されているか。

・指導案などで使われる記号は統一されているか（「○」学習活動、「・」予想される子どもの反応、「□」資料、「※」留意点、など）

・文末表現は統一されているか（です、ます→である、など）。

・可読可能な図版となっているか。

3 表記のゆれを修正する

表記は、自治体によって一定のルールがあります。東京都であれば東京都教育委員会が発行している表記便覧に則ります（世田谷区の場合は、東京都の表記に加え、世田谷独自の表記のルールがありますので、そちらにも留意しています）。

次に挙げる表記は、おおむね意味は同じであるものの、ニュアンスが異なったり、混在してしまったりすることが多いので、表記法に基づいてしっかり修正します。

・もつ—持つ　・子ども—子供—児童—学習者　など

4 チェックの手順を明確にする

上記2と3については主に研究推進委員が担い、上記1については主幹教諭や管理職が行うようにします。研究主任についてはすべてに関与するようにしましょう。

・各学年（分科会）研究推進委員→研究主任→主幹教諭→管理職

最後は管理職の決裁を得て印刷工程に入ります。地区の研究発表会で研究紀要を配付する場合は、教育委員会によるチェックも必要となるので、そのための時間（およそ1か月）を確保できるようにします。

検証期

確かな根拠に基づいた「成果と課題」を見いだす

❶ 成果は実践の有効性を子どもの姿で示す。

❷ 課題は問題点型と発展型の視点で見いだす。

❸ 小さなサイクルから生まれる成果と課題を整理する。

1 「成果と課題」とは具体的に何を示すことか

ここまで「校内研究においては最終的に『成果と課題』をまとめる」と述べてきましたが、何をもって「成果とするのか」、あるいは「課題とするのか」については、イメージが漠然としているかもしれません。

『明鏡国語辞典』（北原保雄編集、大修館書店、2020年）によると、「成果」とは「あることをなし遂げて得たよい結果」であり、「課題」とは「解決しなければならない問題」と言います。

また、野田（2005）によると「研究の成果」とは「研究主題（目指す子どもの姿）を具現化する上で、どんな手だてが有効（効果的）であることがわかったか」について述べるものであるとしています。

加えて、「（今後の）課題」については、次のように考えることができるとしています。

A ［問題点型］実践の中で不十分だった点を問題として取り出して、課題につなぐ。

B ［発展型］おおむねうまくいったが、さらに（より）高めたい点、工夫したい点を課題として取り上げる。

また、A［問題点型］については、「その問題点→課題が、どこから出てきたのかわからない」という記述における問題点を指摘しており、根拠をもって示すことを留意点として挙げています。このことは、実践を通してみられた具体的な「子どもの姿（発話や記述など）」や「数値データ」に基づく必要があるという指摘です。

資料11　年間を通じた「成果と課題」が導かれるプロセス

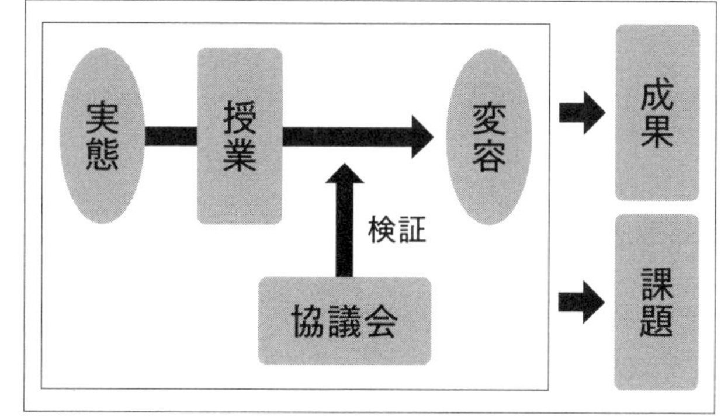

こうした考え方を踏まえ、本節では、「成果と課題」にフォーカスし、年間の取組をどうまとめるかについて述べます。

2 「成果と課題」を見いだすための留意点

「研究授業」「研究協議会」「授業を通して子どもが変容する様子」と、年間を通じた「成果と課題」との関わりを図にしたのが**資料11**です。この図を踏まえ、成果と課題を見いだすための留意点を述べていきます。

1 4つの留意点

①実践前の子どもの姿を明確にしておく

複数年にわたる校内研究であれば、前年度の研究全体会の場で課題として示されたことを「実践前の子どもの姿」として位置付けます。これまでとは異なる着眼点から新しい研究主題を設定するのであれば、年度当初に子どもを対象とした意識調査（アンケート）を行い、その結果を「実践前の子どもの姿」として位置付けるとよいでしょう。

加えて、学校全体としてだけでなく、各学年ごとに「実践前の子どもの姿」を明らかにしておくことも必要です。数値やグラフにまとめるのでもよいし、文章で記述しておくのでも差し支えありません。

②実践ごとに子どもの姿を把握する

研究授業（または実践単元）を行うごとに、「子どもの姿（発話・記述）」を整理しておきます。

社会科であれば、「単元のまとめ」の記述や「自己の成長の振り返り」の記述などが該当します。子どもの発話記録でもよいのですが、その場合には授業を撮影しておき、後から確認できるようにしておきます。加えて、文字起こしをしておけば間違いありません。

このように、そのつど記録しておかないと、年度末が近付いていざ成果と課題をまとめなければならないといったとき、記憶を頼りにした根拠の弱いまとめとなってしまうでしょう。

また、年間を通して数回、意識調査（アンケート）を行うことができれば、子どもがどのように変容していったのか全体傾向を見いだせる貴重な基礎資料になります。

③手だての意図を研究理論（や指導案）に明確に示す

1で示したように、「成果」については子どもの姿に基づいて手だての有効性を検証します。そのためには、どのような意図に基づいてその手だてにしたのか、実際にどのような手だてを講じ、その結果どのような子どもの姿を引き出すことができるのかを明らかにします。

④研究協議会の場で手だての検証を行う

研究協議会では、当日の研究授業によってどのような示唆を得られたかについて協議することがメインですが、その際、「実践前の実態→研究授業→実践後の変容」についても意見を出し合うようにします。

そうすることで、手だての効果や変容の要因などを教員全体で見いだす機会となるので、校内研究（または、その実践単元）を通してどのような成果を出し得るのか、全体で共有することができます。

2 課題を成果につなげる

「課題」については、野田（2005）が示すとおり、A［問題点型］とB［発展型］の双方がありますが、どちらの型がよいかという話ではなく、いかにA［問題点型］で見いだした課題を、その後の実践において、B［発展型］で見いだし得る可能性につなげていくかという発想が必要です。

そのためにも、研究授業→研究協議会（講師による指導講評を含む）→意識調査といった事柄が一体的につながっている必要があります。また、そのつど見いだした課題をまとめ、研究便りに掲載して周知することが大切です。

3 小さなサイクルから生まれる成果と課題を整理する

「小さなサイクル」とは各学年の実践を指し、「大きなサイクル」とは年間を通した校内研究全体の運営を指します。このように、学年ごとに「小さなサイクル」が同時並行的に回りながら、それを包含する校内研究全体の「大きなサイクル」が回るといった枠組みをもっていると言えるでしょう。

これは、小さなサイクルごとにさまざまな成果と課題が生まれるということでもあり、研究主任としてはそれらをいかに整理して大きなサイクルを回すかが手腕の見せどころだといえるように思います。

〈参考文献〉

・野田敏孝著『初めての教育論文―現場教師が研究論文を書くための65のポイント』北大路書房、2005年

検証期

研究全体会で成果と課題を具体化し、次年度の方針とする

❶ 年度末には、成果と課題を共有し、次年度の方向付けを行う。

❷ 教員のアイデアを募り、基礎資料とする。

❸ 研究全体会の協議内容を研究便りとしてまとめ、次年度の方針の理解をより確かなものとする。

1 年度末の研究全体会の趣旨

年度末の研究全体会は、1学期に具体化した「目指す子ども像」を踏まえつつ、年間を通じて行った実践を通して見いだした「成果と課題」を校内全体で共有し、次年度に行う研究の方向付けを行う場です。

ここでは、代沢小で行った研究全体会を例にします。

2 次年度に向けた研究全体会の進め方

次年度の研究主題についての検討は、年度末に行う研究全体会で整理した「成果と課題」に基づいて行うのが一般的です。それに対して代沢小では、11月に全小社東京大会を終えていたので、翌年の3月までの期間を利用し、次年度の研究主題についての検討を開始しています。

「個別追究」に取り組んだ本校では、東京大会を終えた時点で「単元内自由進度」の学習スタイルがおおむね定着しており、社会科においては、子どもたちが自分たちで学習を選択して進めていけるようになっていました。

この点に着目し、「(社会科だけでなく) 他教科等の授業でもこの学習スタイルで進めていけないだろうか」という意見があり、研究推進委員会では、次年度の研究主題を「自分から学習を『創る』子どもの育成」として提案することにしました。

資料12

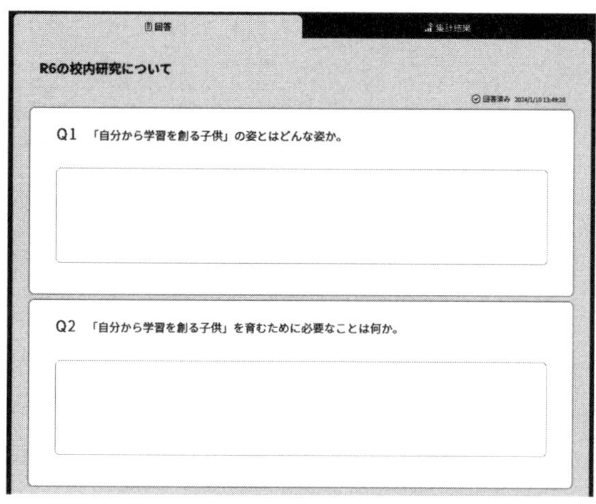

1 職員会議で提案するとともに研究全体会への下準備を進める

1月の職員会議の場で新しい研究主題について説明を行い、承認を得た後、今度は全教員を対象として、次の2点について問うアンケート調査を行うことにしました(資料12)。

・「自分から学習を創る子供」の姿とはどんな姿か。
・「自分から学習を創る子供」を育むために必要なことは何か。

その後、ChatGPTを活用して先生方の考えをまとめたのが次頁の資料13です。これは、年度末の研究全体会の場で、次年度の研究方針を固めるための基礎資料としました。

2 年度末の研究全体会

3月初頭に行った研究全体会では、次のような流れで進めていきました。

資料13

【R6 年度に向けた研究の方向性について】 2024/01/11 職員会議　意見要約

研究主題（案）

「自分から学習を『創る』子どもの育成－個に応じた学習過程を重視して－」

	自分から学習を創る子どもの姿	「自分から学習を創る子ども」を育てるために必要なこと
AI要約（仮）	**1. 自律的な学習姿勢** ・自ら学習課題に取り組み、問いをもち、探究し、その結果からさらに問いをもつ。 ・学習の際、習得したことを活かしながらさらに探究する。	**ア　言語化と深い対話** ・学習者は見方や考え方を言語化でき、聞いたことや知ったことを深める対話ができる。 ・協働学習を通じて学びを楽しむことが可能。
	2. 協働と対話を重視した学び ・子どもが学習のスタートからゴールまでを見通し、自力で問題を解決し、協働することで学習の理解を深めるイメージ。 ・自分の学びがわかり、問いをもち解決策を考えたり話し合ったりする姿。	**イ　学習の進め方の把握** ・子どもは学習の進め方を把握し、解決のためのスキルを身に付ける。 ・良好な人間関係を築くことが重要で、これは学級経営にも関連する。 **ウ　スキルの習得** ・読み書きの基礎や資料の読み取り力、疑問をもつ力、様々なことにアンテナを張り、興味や知識を吸収する力が必要。
	3. 問いの設定と追究活動 ・単元や本時レベルの問いを意識して社会的事象を資料から集め、比較・関連付けして考えをまとめる。 ・時間を守りつつ休み時間や家庭学習の時間を活用して追究活動を進める姿勢。	**エ　既習活用** ・学習したことを活用し、自分で学習を創るスキルが重要。 **オ　問いの創出** ・学習において問いを自ら作り、その質を意識する。
	4. 調査・研究による力の向上 ・研究を通じて教科指導の力を高め、児童の言葉や態度が変わることを期待。 ・自ら課題を発見し、目標を設定して学習に取り組む姿勢。	**カ　教材研究・目標設定** ・教材研究や授業の明確な目標設定が必要。
	5. 自己評価と学びのデザイン ・学習内容を確認し、疑問を見付けて調査し、解決を図りつつ、自分の学び方を振り返る姿勢。 ・学習のゴールを見据え、対話や自己表現を通じて学びをデザインする姿。	**キ　環境づくり** ・学び合いや対話的な学習環境を築くためには、教材の吟味や総合的な指導が必要。

資料14　第４学年が記入した成果と課題

R5年度「校内研究成果と課題」４年

成果	課題
・学習への取り組み方（調べ方・友達との交流の仕方）と意欲が気になった。 →子供同士の交流のしかた。言葉の検討があったり、「こういう表現がいいんじゃない？」などのやり取りがされるようになった。 ・学習計画をある程度、自分たちで作っていかなければならないという思いが子どもたちから感じられるようになった。感想を述べるだけではなく、自分たちで見通しをもとういう発言が出ている。 ・資料を見るときに関連付けがされるようになったと感じる。 ・子どもがまとめを検討し合う姿が見られるようになった。 ・子どもの学習の定着に不安があったが、自分たちで学習を進めようという態度が育っている。定着への不安よりも、互いに補えるという面が増えている。	・人間関係も作っていく。 ・３人OKをもらうという学習の進め方。友達に聞きに行けない子は話せずに終わってしまうことがある。そこへの配慮が必要になる。 ・学級全体での話し合いの充実も必要だと思う。「まとめ」などの深まりをもたせられるようにしたい。子ども同士で、意識して発言をつないでいけるようにしたい。対先生ではなく、子ども同士で、学級全体で深められるようにしていくことも検討したい。表組み

①学年（分科会）での話し合い

学年（分科会）では、「今年度の目指す子ども像」に関して、うまくいったところや改善が必要なことについて話し合います。その際には、Teams上にアップしたワークシートを活用し、共同編集しながら書き込みます（資料14）。

加えて、次年度の研究主題に関わる資料（資料13）に改めて目を通してもらい、修正すべき点や足りていない点などについて話し合い、学年（分科会）ごとに意見を集約して発表します。

②論点の整理

各学年の発表をもとに次年度に向けて論点を整理し、次に挙げる３点について、教員全体で意見を出し合います。

・早く終わってしまう子に対しては、どのように関わるとよいのか。
・子ども同士で考えを深めていけるようにするにはどうすればよいのか（対話のやりとりや資料活用など）。
・そもそも関わりが苦手な子は、どのように学習に参加すればよいのか。

3 研究全体会の協議内容を研究便りとしてまとめ、次年度の方針の理解をより確かなものとする

年度末の研究全体会によって、次年度の研究を進めていくうえで必要となる視点が浮き彫りになります。本校の場合は、「子ども同士で学びを深めていけるようにするには何が必要か」で、それが教員全体としての課題意識として共有され、令和６年度の校内研究で重点項目となりました。こうした点を研究便りにまとめて周知します。

このようにして教員全体で共通理解を図りつつ、次年度の研究につなげていくことができれば、たとえ研究テーマや対象教科等が変わったとしても、単年度で終わってしまう単発の校内研究ではなく、年度を越えてつながる積み上げ型の校内研究にしていけるでしょう。

第 3 章

研究主任の
仕事を充実する具体策を知る

お飾りにならない研究主題をつくる

❶ 研究主題をお飾りにならないようにする。
❷ 研究主題には「論点」「言葉」「納得感」の３要素を盛り込む。
❸ 作成プロセスを公開し、全教員の関与が納得感を高める。

1 どのようなときに研究主題がお飾りになってしまうのか

校内研究のよりどころとなるのが「研究主題」ですが、お飾りになってしまうことがあります。それには主に、次に挙げる要因があるように感じます。

第１は、「何が論点であるのか」が不明確なまま設定してしまうケース。ここでいう論点とは、「なぜそのテーマで校内研究を進めるのか」「そのテーマで進めることで、何が得られるのか」を差します。

第２は、研究主題の「言葉選び（言葉づくり）」が不適当なケース。例えば、国が示したキーワードを数珠つなぎにしたことで、どこに軸があるのかが不明確だったり、抽象度が高すぎて授業イメージが湧かない研究主題になってしまっている場合が該当します。

第３は、先生方の納得が得られていないケース。特に、どのような趣旨のもとでどのように研究主題が生まれたのかプロセスが見えない場合がそうで、たとえ研究主任が事後に詳細な説明を行ったとしても、理解を得られないこともあります。

資料1　研究主題の変遷（経堂小）

2014、2015年度	論理的に考え共に考えを深める子どもの育成～「ことばの力」を生かして～
2016年度	論理的に考え共に考えを深める子どもの育成～ICTの活用を通して～
2017、2018年度	他者と自分の考えをつなげる子どもの育成→自分の力を役立てようとする子どもの育成～学び合いと振り返りの充実～

2 研究主題づくりの３つのポイント

資料1は経堂小の研究主題がどのように変遷したのかをまとめたものです。単年度で変わってしまうのではなく、前年度の研究主題を引き継ぎつつ研究副主題を変えながら研究対象やアプローチ方法を変えたり、複数年度にわたって研究主題を継続させていることがわかるかと思います。

これは、積み上げ型の研究にすることを目指していたからですが、そうするために、研究主題の考えるに当たって次のプロセスを経るようにしていました。

①前年度の課題をもとに次年度の校内研究の大枠を確認する。
②教師の願いを出し合う。
③研究全体会で協議する。
④本当にその研究主題でよいかを検証する。

上記に挙げたことを行えば、必ず研究主題がお飾りにならないわけではないと思いますが、1で挙げたお飾りにしてしまう要因を踏まえ、「1　論点づくり」「2　言葉づくり」「3　納得感」という視点から、先生方の理解と協力の得られる研究主題づくりのポイントを述べます。

1　論点づくり

2016年度末の研究全体会で「子どもたちの伝え合い」に課題があることが見えたことで、翌年度ではこの課題に注目することとなります。

並行して2017年度当初の研究全体会で、「目指す子ども像」を明らかにするために、**資料2**のシートを使って、「教師の願い」を集約しています。このシートは、「研究主題の社会的な背景」と「目指す子ども像」を関連付けられるようにしています。

資料2

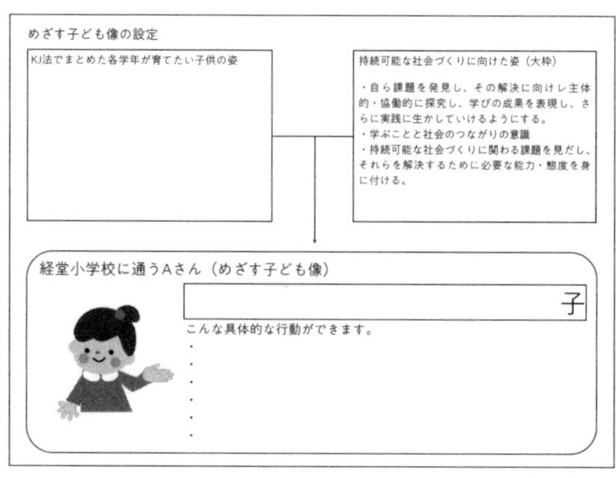

加えて、各学年（分科会）の意見をKJ法で整理し、「『伝え合う』ことで、どのような子どもの姿が見られるようになるのか」を論点として絞っていきました（**資料3**）。

2　言葉づくり

どのような言葉を使って研究主題を表現するかを考えるに当たっては、「経堂小に通う（架空の）Ａさん（という子ども）」を想定し、各学年（分科会）の代表（研究推進委員）が、Ａさんの心情やＡさんの変容を想像しながらブレインストーミング方式で書き出しています。そうすることで、現場感覚として違和感のない言葉が並んでいきます。

その結果、「自己有用感」「自己効力感」といったキーワードが浮かんできました。この言葉をさらに易しい表現に置き換え、「自分の力を役立てようとする子ども」という言葉に集約し、研究主題に盛り込むこととしました。このようにして、教員全員が覚えやすく、その意味をつかめる研究主題としていったのです。

3　納得感

上記のようにつくりあげた研究主題であれば、研究全体会での検討が

資料３

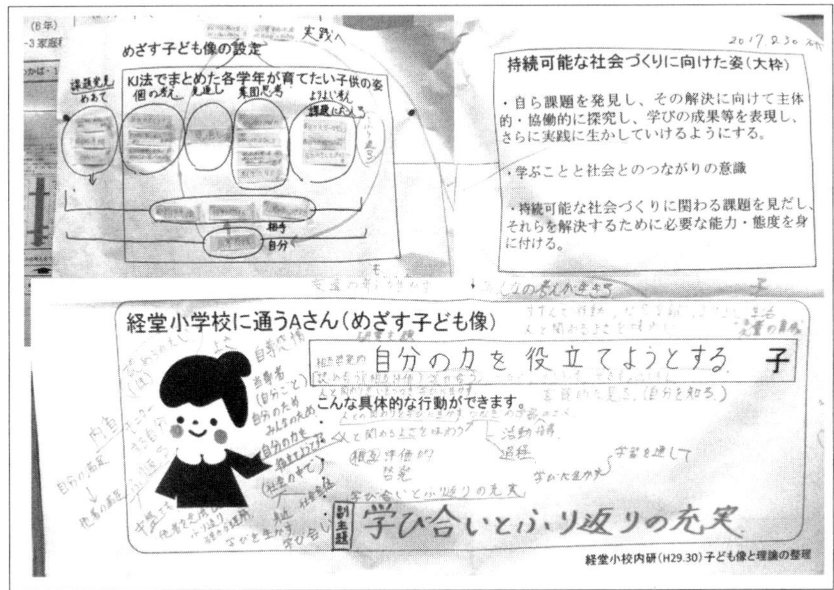

生かされるだけでなく、先生方と協働して言葉づくりに関わってもらった結果として納得感が生まれます。

日々の忙しさの合間を縫っての取組ですが、このような手順を踏むことで、研究主題をお飾りにしないで済むようになります。

3 研究主題づくりのプロセス

以上のプロセスを、別の表現にまとめると次のようになります。

①目指すべき方向・目的について議論する。
②考えるべき論点を見いだす（問いにする）。
③論点をもとに目指す子ども像を設定する。
④キャッチーかつ検証できる言葉を洗い出して研究主題に盛り込む。

研究仮説をもとにして研究理論をつくる

❶ 校内研究における理論は「研究仮説」として表現する。
❷ 研究仮説を言語化し、具体的な手だてを書く。
❸ 研究主任の個人研究にならないよう、研究推進委員の先生方と意見交換を重ねながらつくり上げる。

1 研究理論は仮説検証するために必要となるもの

校内研究というときの「研究」は、学術研究とは異なり、授業をはじめとする教育活動を改善する方向性や手だてを明らかにする実践研究です。そのため、理論を考えるにあたっても、我が校として「目指す子ども像」に迫る考え方や方法を軸に据える必要があります。

もちろん、そうするための根拠として、最新の学術研究の成果を引用することはあり得ます。ただそうする場合にも、校内研究の方法論を根拠付ける要素だと考えるほうが的を外さずに済むでしょう。

さて、校内研究においては、年間を通して、「目指す子ども像」に迫ることができたか、手だてはその要因となり得たのか、不十分だとしたらどのような点が足りなかったのかを明らかにしていくわけですが、そのための「仮説検証」を行うために必要となるのも「研究理論」です。

この研究仮説を単純化すると、次のように表現できると思います。

「△することによって、○が実現するだろう」

この考え方を校内研究に当てはめれば、「○」は「本校で目指す子ども像」が該当し、「△」は「手だて」が該当します。

ただし、（繰り返しになりますが）校内研究は学術研究ではないので、仮説検証を行うことによって事の真偽を明らかにできるわけではありません。あくまでも次年度の教育活動の充実につながる可能性を見いだすためのものです。つまり、正しかったか、それとも間違っていたを明らかにするための仮説ではないということです。そのため、仮説形式で言語化しない研究理論も珍しくない点を付記しておきたいと思います。

2 研究理論をつくる

1 研究仮説を言語化する

経堂小では、次のように研究仮説を立てていました（2017、2018年）。

「自分の力を役立てようとする子ども」につながる研究教科領域で目指す子ども像を設定し、それに向けた「学び合い」と「振り返り」を充実させる手だてを行い経験を積み重ねることで、**自己を自ら高めたり集団にすすんで貢献したりしようとする力を育てることができるであろう。**それは、自分の力を役立てようとする子どもを育成することにつながる。

上記のうち、下線部分が「手だて」に当たり、太字部分が「目指す子どもの姿」（研究のねらい）に当たります。

また、経堂小では国語科（低学年）、社会科（中・高学年）、専科教科（音楽・図工・理科・算数）、特別支援学級で研究を進めていた関係上、各教科等の特質を踏まえる必要があったことから、「研究教科領域で目指す子ども像を設定し」という言葉を加えています。

2 手だての柱を定める

どのようにして「目指す子ども像」に迫っていくのか、そのための「手だて」の柱を明らかにする際にも、ブレインストーミング方式でア

資料4

(2) 学び合いの充実

本校では、これまでの校内研究でも学び合いの活動を積み重ねてきている。子どもの実態調査からは「みんなで考えを出し合い、問題解決しようとする態度は身に付いている。」という質問に対して、多くの子どもが自らの成長を感じていることが分かった。

学び合いの活動は、ペアやグループ、学級全体と多種多様である。目的に応じた学習形態で考えを出し合い、自分の考えが集団の考えの形成に寄与したという実感がもてれば、自己有用感や自尊感情の育成につながるはずである。本校では、「学び合いの充実」のために、各教科・領域共通のものとして、以下のような手だてを考えた。

分類	内容
学び合う目的の明確化	・本時のめあての提示 ・単元のゴール設定　など
一人一人が考えをもちやすくする資料やワークシート、題材の工夫	・付箋やカードの活用 ・子どもに身近な事例の提示　など
学び合いを活性化させるスキル	・「～さんに似ていて」などの「話し合い言葉」　など
場に応じた交流形態の工夫	・少人数グループ ・討論、議論型の話合い　など

イデアを出し合っています。

その際、学習指導要領（及び解説）に明記されている関係箇所や「新しい教育の動向」にも当たります。また、他校の先行研究なども参考にできると、よりリアリティのある手だてを構想することができます。

こうした手順を踏んだうえで、経堂小では、「手だて」を「学び合いの充実」「振り返りの充実」という２本の柱に整理しています。

3　２本の柱に基づいて手だての具体を洗い出す

次の段階では、先生方と協働しながら「学び合いの充実」「振り返りの充実」の具体を洗い出していきます。学び合いにせよ振り返りにせよ、教員によって解釈やイメージが異なるからです。そこで、先生方の共通理解を図るために、資料にまとめて提示しています。

資料4は、２つの柱の一つとした「学び合いの充実」の具体を明文化した資料です。

資料５

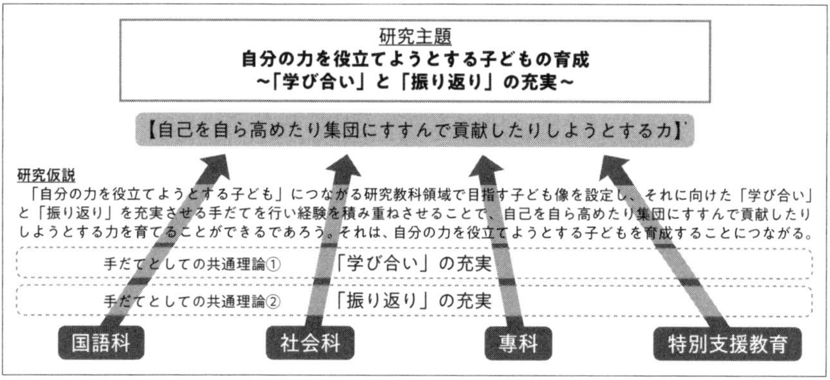

研究主題
自分の力を役立てようとする子どもの育成
〜「学び合い」と「振り返り」の充実〜

【自己を自ら高めたり集団にすすんで貢献したりしようとする力】

研究仮説
「自分の力を役立てようとする子ども」につながる研究教科領域で目指す子ども像を設定し、それに向けた「学び合い」と「振り返り」を充実させる手だてを行い経験を積み重ねさせることで、自己を自ら高めたり集団にすすんで貢献したりしようとする力を育てることができるであろう。それは、自分の力を役立てようとする子どもを育成することにつながる。

手だてとしての共通理論①　「学び合い」の充実

手だてとしての共通理論②　「振り返り」の充実

国語科　社会科　専科　特別支援教育

4　研究構想図をつくってイメージ化を図る

「学び合いの充実」「振り返りの充実」という手だてを講じることを通して研究主題に迫る道筋を図にまとめることで、より先生方のイメージ化を図っています（資料５）。

3　研究主任のスタンス

ときには、つい力が入りすぎて、学術論文をまとめるような理論にしようとしてしまうこともあります。しかしそれでは、研究主任個人の私的研究にしてしまい、誰の役にも立たない、文字どおりの理論倒れとなります。

研究主任も実践者の１人です。自分が実践して考えたことをアイデアレベルでまとめ、いろいろな先生方とざっくばらんに意見交換を重ねながら原案を作成し、再び意見をもらう。この繰り返しです。そうすることが、独りよがりの研究理論にしない秘訣です。

〈参考文献〉
・野田敏孝著『初めての教育論文―現場教師が研究論文を書くための65のポイント』北大路書房、2005年

一問一答にならない研究協議会にする

❶ 経験校数別でグループを編成するメリットを知る。
❷ 各グループの発表を踏まえて全体協議を行えるようにする。
❸ 研究協議会での役割分担は学年（分科会）ごとにもち回りにする。

1 グループ協議を軸とした研究協議会

第２章では、研究協議会のパターンや話し合いの方法を紹介しましたが、本節では代沢小での実践を例にしながら、グループ協議を取り入れた研究協議会の具体的な進め方について紹介します。

2 経験校数別でグループを編成して協議する

2024年度は、次の流れで研究協議会を進めています。

⓪グループ協議
①あいさつ
②学年（分科会）提案・授業者自評
③グループ発表・全体協議
④講師指導講評
⑤謝辞

ここでは、「⓪グループ協議」「③グループ発表・全体協議」の進め方を述べていきます。

なお、研究協議会に先立つ研究授業では、「単元内自由進度」を軸として、個別追究の時間のあり方を提案してもらっています（本節では、教科は社会科で、単元は４年生「飲料水の供給」４年生を例にしています）。

1 グループ協議

研究協議会前日までに、私（研究主任）から「研究授業を見る視点」と「研究協議会の流れ」「研究協議会グループメンバー表」を配付しており、それに従い、グループに分かれます。

グループ協議は、若手・中堅・ベテランに分かれて協議します。

学年グループでの協議の場合にありがちなことですが、ベテランや中堅の発言がいくら物腰柔らかく話していても、その発言の影響力は大きいものです。その結果、若手が発言を遠慮してしまうことがあります。

そこで、若手の発言するハードルを下げ、積極的に発言する（アウトプットする）経験を積んでほしいという考えから、経験校数別のグループにしているわけです。加えて、中堅・ベテランについても、ご自身の経験を踏まえた意見を率直に交わしやすくなるという利点もあります。

数年前まではグループごとに模造紙を用意し、話し合ったことを模造紙に書き込みながら意見を整理するようにしていましたが、現在はMicrosoft Teamsを活用し、共同編集しながら意見を整理する様式を取り入れています。

次頁の**資料６**は若手教員グループによる話し合いの整理です。自分たちになりに高い意識をもって授業の成果と課題を書き出していることがわかるかと思います。

2 グループ発表・全体協議

全体協議では、グループごとに発表した意見に基づいて協議を行うようにしていきます。これは、全体協議が授業者・学年提案者と質問者との一問一答にならないようにするためです。

資料6

「自分から学習を『創る』子どもの育成」一個に応じた学習過程を重視して一

5/1（水）4年生「水はどこから」　　　　　　　　Aグループ（　　　　　　　）

	主体的に問いを研究する工夫	社会的事象の見方・考え方が働く学習活動の工夫	子どもの学びを確かにする評価の工夫
感想・意見	調べ方の確認を繰り返し行っていた。めあて 内容 学び方 失敗したこと困ったこと	ふりかえり →前回の学習だけでなく、学び方や、失敗したこと、困ったことを共有していた。途中で見る視点や使う資料のアドバイスを出させていた。	ふりかえりでスピード重視する子どもがいた。どんなことが分かったのかを出させたい。 何についてなのかと、先生が言ってから出ていた。（ふりかえりの視点）
質問	まとめの共有のやり方はどのようにしているのか。 ブースではかったのはなぜか？	何で途中で全体でアドバイスをしたのか、どうしてあのタイミングだったのか。	

もし一問一答になってしまえば、一部の教員の質疑によって全体協議が進んでしまうばかりか、各質疑の内容がつながっていかず、協議そのものが淡泊で、学びの少ない協議になってしまうでしょう。このあたりは、教師と子どもと一問一答する授業と、子どもたちの意見がつながる授業とどちらが学びを深めてくれるかと同じことだと思います。

こうしたことから、各グループに発表してもらう際にも、すべてのグループに一斉に発表してもらうのではなく、例えば、Aグループが発表→Aグループの発表への質疑応答→Bグループの発表…というように、各グループの発表ごとに質疑を挟むようにします。

そうすることで、（Aグループ以外の）他のグループは前のグループの発表内容や質疑内容などとも紐付けながら発表してくれるようになります。つまり、グループ発表が進むうちに、どんどんと各グループの発表や質疑がつながっていくというわけです。

それともう一つ、隠し味があります。それはAグループを若手、Bグループを中堅、Cグループをベテランにしておき、若手グループが最初に発表するようにすること。そうすることで、若手がプレッシャーを感じることなく自由な発想で発表できるようになります（111頁で述べたように、実際に若手も中堅・ベテランと同じような視点で質問することができていました)。

もし逆にしてしまうと、中堅やベテランの意見のあとに若手が意見を言わなくてはならなくなり、若手が“間違ったことを発表してしまうのではないか”といった不安に駆られてしまうかもしれません。

また、中堅・ベテランのほうも、若手の考えを踏まえたり、協議会全体の流れを意識して発表したりすることができ、協議者自ら話し合いを深めていけるようになるのです。

また、上記の方法であれば、司会者の負担を軽減することにつながります。授業者・学年提案者と質問者との一問一答を何とかしようと切り盛りしなくても済むようになるからです。実際、全体協議の場がずいぶんと盛り上がるようになったと感じています。

3 研究協議会での役割分担

研究協議会を行うに当たっては、司会者、記録者、発表者(授業者)に加え、会場準備担当も必要です。代沢小の場合は、分科会(低・中・高学年、専科教員はどこかの分科会に所属する)ごとにもち回りにしています。

例えば、低学年が授業者の場合であれば、中学年が司会者、記録者、会場準備を担当します。同様に、中学年が授業者の場合は高学年が…となります。

グループ協議の際に意見が出にくかったり、特定の教員ばかり発言しているような場面が見られるようであれば、研究推進委員がグループに入り、ファシリテーターの役割を担います。この役割についてはあらかじめ決めておくわけではなく、必要に応じて臨機応変です。

＊

このように、研究協議会は、授業づくりと同様、研究主任が意図的に仕掛けを用意し、先生方の同意や納得を得ながら柔軟に運営することが大切です。そうすることで、一歩ずつ学び多き、そして学びを楽しめる研究協議会になっていくのではないでしょうか。

自律的に研究が進む「見通し」をもてるようにする

❶ 自律的に研究を進められる組織運営に努める。
❷ 組織図とガントチャートで年間の見通しをもつ。
❸ 見通しをもつことで、変更にも対応しやすくなる。

1 先生方が自律的に研究を進めてもらえる組織

学校全体として取り組む必要がある事柄であれば、どのような校務であっても、組織の力が問われます。とりわけ、研究発表会など大きなミッションを控えている年度であれば、とりわけそうでしょう。

研究主任が独りで抱え込み、校内研究全体が機能不全に陥ることのないよう、先生方一人一人が自分の役割を自覚して自律的に研究を進めてもらえる組織運営が必要です。

そこで本節では特に、研究組織が機能的に動くようにするための工夫について述べていきます。

2 年度を通じた校内研究の見通しをもてるようにする

資料7は、第2章で紹介した組織図をもとに作成した、「何を」「いつまでに」進めていかなければならないかを時系列にまとめたガントチャートです。横軸は「研究授業」「日常授業」「外部との関わり」「庶務関係」を示し、縦軸は時期を示しています。これは、研究推進委員のみならずすべての先生方が校内研究の見通しをもってもらうことを意図して

図7　代沢小研究発表会までの作業・担当者・締め切り（ガントチャート）

	授業実践 ・指導案　・授業実践紀要 ・研推便り	日常授業	世小研・都小社研 タイアップ研究発表会 （全小社プレ発表）	庶務 ・案内状　etc
4月	・指導案フォーマット提案 ・協議会の持ち方 ・紀要プロット 4/27　2年（送付4/20） ※研究推進便り	・学習ルール ・授業用ラベル？ ・話し合い言葉、反応言葉 ・代沢小振り返り言葉？		
5月	研究紀要づくりスタート （終わった学年から随時）	↓ 2月研究発表会に向けて、関わり合い（協力・対話）のある授業へ（5月〜2月）		
6月	6/8　5年（世小研合研） 6/15　6年（送付6/8） ※研究推進便り 6/29 5年（送付6/21） ※研究推進便り		6/8　5年（世小研合研） （送付6/1）	
7月				※案内状１次
8月			8/19　都小社研夏季研修会（代沢）	
9月	9/14 1年（送付9/7） ※研究推進便り 9/28　3年（送付9/21） ※研究推進便り			
10月	10/19　4年（送付10/12） ※研究推進便り			
11月	都小社との打ち合わせ		代沢小との打ち合わせ	
12月	研究紀要原稿終了 （業者入稿）			※案内状２次
1月	※指導案完成1/12? 1/25 研究発表会に向けて		※研究発表に向けた掲示物作成 →R５全国大会で再掲 （「これまでの実践」紹介扱い）	
2月	2/17 研究発表会（全国プレ大会）		2/17 研究発表会（全国プレ大会）	
3月				

います。

例えば、代沢小ではこの年、４月末に１回目の研究授業を行うことになっていたので、それまでの間に行っておかなければならないこととして、横軸「授業実践」に、「指導案フォーマット提案」「協議会のもち方」「紀要プロット」を位置付けています。

資料8　授業ラベル

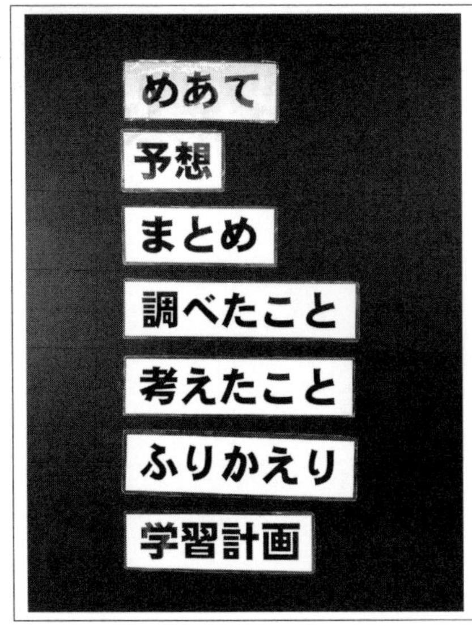

資料9　話し合い言葉

話し合いマスターになろう！　3年　組　番　名前（　　　）

★話し合い言葉を作って、身につけよう

	しゅるい	どんな言い方があるかな？	使えましたか？（正の字で）
1	声が聞こえないから聞きたい。	聞こえなかったのでおねがい[illegible]	
2	よく分からないからしつ問する。	どういう意味ですか。	
3	理由を言う。	なぜなら～。	
4	例を言う。	たとえば――。	
5	くらべる。	～さんとにていて、～さんとちがって。	
6	つけ足す。	～さんにつけたして	
7	つなげる。	～さんと～さんをつなげると	
8	例をたずねる。	たとえば何ですか。	
9	理由を聞く。	なぜですか。	
10	かいせつをする。	つまり～ということですね。	
11	友達の考えをしょうかいする	～さんの考えなんですけど。	
12	友達の考えから思いついた。	～さんの意見を聞いて	
13	前の勉強から思いついた。	前の勉強なんですけど。	
14	よく分からなくなってしまった。	忘れました。分からなくなったんですけど。	
15	助けてほしい	助けてください。[illegible]ください。	
16	助けてあげたい。助けてあげられそう。	助けましょうか。助けます。	

また、同じ時期の横軸「日常授業」に、「学習ルール」、「授業用ラベル」（資料8）、「話し合い言葉」（資料9）などを位置付けています。これは、研究授業と並行して、平素の授業においても、子どもたちがよりよく学べるようにすることを意図していたからです。

「庶務」の枠については、細かい事柄をすべて入れようとすると際限がなくなるのと、個別の詳細については管理職（や教務主任）から周知されることになっていたので、予定されていた最低限の項目のみを入れています。

研究の進捗確認は、月１回程度の研究推進委員会でも行っていますが、**資料7**のような資料を職員会議で周知し、共有しておければ、研究発表会までのおよその見通しをもてるだけでなく、何か漏れがあれば誰かが指摘してくれるでしょうし、何よりも“あっ、これもしておいてもらわないといけなかった”などと後から気付いて、「研究主任からの急なお願い」をしなくて済むようになります。

3 あらかじめ見通しをもっておければ、変更が生じた場合にも柔軟に対応しやすくなる

資料7はあくまでも年度当初に作成したものですので、当然のことながら後々、追記や修正が必要となります。実際、代沢小でも7月に臨時で研究全体会を開く必要が生じています。

その場合にも、このガントチャートの項目を加除・修正し、「○月○日更新版」と銘打って周知します。この繰り返しです。このとき、どれが最新版なのがわからなくなってしまうこともあるので、クラウド上で最新版のフォルダと旧版のフォルダを分けて保存しておくなど、視覚的にわかりやすくしておくとよいでしょう。

4 研究主任として学年（各部会）にどう働きかけるか

自律的に研究が進むようにするには、研究主任が「見守り」つつ、必要に応じて「論点を提示する」ことが大切です。ここでいう「見守り」とは、部会の方向性を捉えるということです。

具体的には「どのような方向で授業づくりをしようとしているか」「取り入れようとしている手だては、自校の子どもや教員に合ったものか」といった視点で、部会が実現しようとしている授業づくりを掴むことです（「見守り」という表現にしているのは、具体の授業をつくるのは、あくまでも「部会」であり、研究主任はサポート役であると考えているからです）。

加えて、必要に応じて「論点を提示する」ことも大切です。その場合にも、「その方向性は間違っている」などと頭ごなしに否定してはならず、「その手だては目指す子ども像とどうつながるか」「その教材は、研究理論のどの部分を具体化したものか」などを話題にしながら、部会メンバーと一緒に考えるといったスタンスで行うことが大切です。

要するに、少しでもよい授業になるよう、部会の意向を尊重しつつ、共に方策を見いだしていくというスタンスで関わるようにします。

確かなリソースに当たりながら、「教育の動向」をつかむ

❶ 校内研究を進めるに当たっては「教育の動向」を念頭に入れる。

❷ 確かな情報源から「教育の動向」をつかむ。

❸ 校外の研究会で学んだことを校内研究に役立てる。

1 「教育の動向」を念頭に置く

第1章で述べたとおり、研究主題や研究理論を検討する際には、現在の「教育の動向」をつかんでおき、それらを解釈しつつ、勤務校の課題と紐付けて現場に浸透する言葉に置き換えることが大切です。

これは単に、研究の方向性を見誤らないようにするだけでなく、先生方が自己有用感をもって研究に当たれる（自分たちが研究したことが、勤務校のみならず、地域の学校においても役立つものにする）ためにも必要なことで、いわば研究主任としての重要なミッションです。

では、どのようにして「教育の動向」をつかめばよいのでしょうか。本節では、「『研究の枠組み』がすでにある場合」（地区や都道府県、国からの研究指定を受けている場合）と、そうした研究指定などはなく、「『研究の枠組み』が決まっていない場合」に分けて述べていきます。

2 「研究の枠組み」が既にある場合

自治体（国）や研究会の研究発表会を控えている場合には、「研究の枠組み」で使われているワード（教育課題）を掘り下げていきます。

現行の学習指導要領改訂期前後（2016～2019年ごろ）には、「資質・能力」「主体的、対話的で深い学び」「見方・考え方」「カリキュラム・マネジメント」といったワード（教育課題）が頻繁に使われていました。

近年であれば、「個別最適な学びと協働的な学びの一体的な充実」「ウェルビーイング」「エージェンシー」「自己調整学習」「単元内自由進度学習」といったワード（教育課題）が多いのではないでしょうか。

ここで指摘したいことは、研究の枠組みに使われているワードについて調べる際、確かなリソースに当たるということです。

一番間違いないのは、第一次資料です。

すでに学習指導要領に明記されているワードであれば、学習指導要領と学習指導要領解説、国が編集している機関誌（初等教育資料や中等教育資料など）でしょうし、「個別最適な学びと協働的な学び」であれば、令和３年１月に公示された中央教育審議会答申「『令和の日本型学校教育』の構築を目指して」が該当します。

上記の文書は一般に公文書（行政文書）と呼ばれるもので、その性格上あまり読みやすいものではありませんが、たとえ書かれていることが何を意味しているのかあまりイメージできなかったとしても、最初に一読したほうがよいと思います。

もちろん、インターネット上を検索すれば、こうした行政文書や関連文書の中身をわかりやすくを解説してくれているサイトを見付けることができますし、書店にも関連書籍が並びます。しかし、こうした媒体を頼りにするのは、第一次資料に当たってからです。

なぜなら、上記に上げたサイトや書籍はあくまでも第二次資料であり、そこには書き手の解釈が入り込んでいるからです。そのため、その解釈にもし偏りや誤謬があったとしても気付けず、研究主題や研究理論にもち込んでしまいかねません。そこで、まずは第一次資料にあたるのですが、例えば次の視点をもって読むことをお勧めします。

①自分が調べたかったワードはどのように説明されているか。

②なぜ、そのワードが取り上げられているのか（第一次資料におけるそのワードの位置付けや趣旨）。

③そのワードを教育現場にもち込むとしたら、どのような教育活動が想定されるか。

③そのワードは教育現場にどのような影響を及ぼし得るものか（学力観や学習観の転換、授業スタイルの変更など）。

次に、読んでみて自分なりに理解できたことや、意味がわからなかったりイメージできなかったこと、疑問に思ったことを書き出し、自分は何を理解し、何を理解していないのかをざっくりとつかんでおきます。そのうえで、第二次資料に当たるのです。

そうすれば、自分が知りたいと思う着眼点に基づいて第二次資料を読むことができるので要点をつかみやすくなりますし、第一次資料と比較しながら読むこともできるので、第二次資料の解釈に偏りや誤謬があれば何となく気付くこともできるようになります。

3 「研究の枠組み」がない場合

「研究の枠組み」がない場合は、勤務校で課題とされていることや、先生方が関心をもっていることを基にして情報を集めていきます。

例えば、「子ども同士の伝え合い」に課題があるのであれば、2と同様に、「伝え合い」と関連しそうな公文書を探して読みます。見付からない場合には、実践ベースの先行研究に当たります。

その際、「どのような手だてをもって子ども同士の伝え合いを充実していったのか」といったノウハウを知ることも大切なのですが、実践研究の場合は、その学校の「特徴（学校規模や地域性）」「目指す方向」「教員構成」「子どもの様子」に即して行われているものなので、そのまま真似をしたからといってうまくいくとは限りません。

そこで、「どのような背景からその手だてに至ったのか」「どのような点に着目してその手だてを実施しているのか」といった点をしっかりつかむようにするとよいでしょう。

4 校外で学ぶ機会をもつ

自治体ごとに設置されている教科等の研究会に所属している方が多いと思います。そうした研究会には、研究主任という同じ立場で仕事をしている方もいるかもしれませんし、「教育の動向」に詳しい方もいるかもしれません。ぜひ有用な情報収集を行える貴重な場だととらえ、いろいろな先生と交流することをお勧めします。

また、本格的に研究している研究会や学会であれば、学習指導要領改訂に直接携わった方の講演を聴けることもありますので、無理のない範囲で足を運んでみるとよいでしょう。

5 ぶらっと書店に足を運ぶ

最後になりますが、普段から時間があるときなどにぶらっと書店に訪れ、さまざまな分野のコーナーを眺めてみるのもよいと思います。私の場合はいつも「ビジネス雑誌コーナー→ビジネス書コーナー→教育書・教育雑誌コーナー」というルートです。

これは、確かな「教育の動向」を知るためではなく、世の中でどのようなワードがトレンドとなっているのかを何となくつかむために行っていることです。

例えばビジネス界など他分野で耳目を集めているワードが、遅れて教育界に入ってくることもよくあります。「シンキングツール」「論理的思考」「フレームワーク」「生成AI」などがそうですが、そうしたワードが頭に残っていれば、“あぁ、あのワードが教育界にも来たんだな”といったことにも気付けるようになります。

ICTを有効活用して研究プロセスを共有する

❶ 研究推進委員会、研究協議会、研究全体会での発言内容等を記録し共有する。

❷ 意識調査などのアンケートを行い集約する。

❸ 生成AIを活用して要約文を作成する。

1 ICT機器を活用する際のメリットとデメリットを知る

GIGAスクール構想が前倒しされ、「一人一台端末」が実現しましたが、授業のみならず、校務を遂行するうえでも活用が進んでいると思います。そこで本節では、「校内研究の充実」という視点からICT機器の活用方法を紹介します。

2 ICT活用で校内研究はどう変わるか

生成AI（co-pilot）に学校でのICT機器を活用する際のメリットとデメリットを挙げてもらったところ、次のような回答を得ました。

［メリット］効率化・協働の促進　など

［デメリット］機器のトラブル・操作のむずかしさ・セキュリティリスク　など

生成AIがメリットだとした「効率化」と「協働の促進」の２つについて、Microsoft365とロイロノートが導入されている代沢小では、次の取組を行っています。

1 ICT活用による校内研究の効率化

①研究推進委員会の記録・共有

これまでは、各種打ち合わせや会議で話し合われたことが十分に周知されておらず、次回でも話題にしたり再検討せざるを得なくなることがありました。

これは先生方にとって大きな負担になることから、（他の節でも繰り返し述べていますが）例えば研究推進委員会（月1回程度）でも、Microsoft Teamsを活用して記録を取り、それを全教員が閲覧できるようにしています（資料10）。

資料10　Teamsのスクショ（一部モザイク）

6月7日（金）常置A研究
○研究全体会について（前回のリマインド）
○6月29日社会科連盟発表
○研究紀要について
表示数を減らす
返信

学年・各分掌で経過報告を行う際にも同様です。特に、研究推進委員会での決定事項や検討事項の共有は、校内の研究プロセスをオープンにすることにもつながります。

②意識調査（アンケート等）の集約

教員を対象にしたものであれ、子どもを対象にしたものであれ、現在はICT機器を活用して意識調査（アンケート）を行っています。

Microsoft Formsやロイロノートのアンケート機能を使えば、単に集約できるだけでなく、Excelなどの表計算ソフトなども併用すればグラフ化できるなど、集計結果を分析することもできます。

加えて、データを一元管理できることから、（調査項目を変えなければ）複数年度にわたって経年変化を見ることができます。また、モニター上で確認し合えるので、印刷・配付といった作業も必要最低限となりました。

資料11　教員意識調査（第２章で掲載した資料13を一部抜粋して再掲）

【R６年度に向けた研究の方向性について】　2024/01/11 職員会議　意見要約

研究主題（案）

「自分から学習を『創る』子どもの育成 ー個に応じた学習過程を重視してー」

	自分から学習を創る子どもの姿	「自分から学習を創る子ども」を育てるために必要なこと
AI要約（仮）	1．自律的な学習姿勢 ・自ら学習課題に取り組み、問いをもち、探究し、その結果からさらに問いをもつ。 ・学習の際、習得したことを活かしながらさらに探究する。 2．協働と対話を重視した学び ・子どもが学習のスタートからゴールまでを見通し、自力で問題を解決し、協働することで学習の理解を深めるイメージ。 ・自分の学びがわかり、問いをもち解決策を	ア　言語化と深い対話 ・学習者は見方・考え方を言語化でき、聞いたことや知ったことを深める対話ができる。 ・協働学習を通じて学びを楽しむことが可能。 イ　学習の進め方の把握 ・子どもは学習の進め方を把握し、解決のためのスキルを身に付ける。 ・良好な人間関係を築くことが重要で、こ

③AIを活用した要約

諸会議等で先生方がまとめた文章記述の記録は、アンケート調査のような数値ではないことから単純に集計したり分析したりすることはできません。こうしたときに役立てたいのが生成AIです。

資料11は第２章で掲載した資料13を一部抜粋して再掲したものですが、これは先生方が入力した文字情報を生成AI（chatGPT）に読み込ませ、分類・整理させたうえで箇条書きで出力したものです。その後、小見出しと具体的記述にずれがあった個所については私が手を入れているものの、作業時間はおよそ10分程度で、大きな時間削減につながっています。

この文書は、自分のための整理ではなく、教員の意識を要約したオフィシャルな資料として年度末の研究全体会に提出し、次年度の方針を検討する際に役立てています。

2　協働の促進

①研究協議会・研究全体会での共同編集

これも繰り返しになりますが、各種の協議においては必ずICT機器の共同編集機能を活用しています。特に、グループ協議の際には、入力用のスライドシートを用意しておき、その枠組みに沿って意見を出し合い、記録してもらっています。このシートは、研究の「成果と課題」を整理する際の基礎資料ともなります。

②子どもの具体的記述をすぐに確認できる

ロイロノートの「提出箱」(機能) を使えば、子どもの「まとめ」や「振り返り」を１枚ポートフォリオ (学習記録) にまとめて保存しておけるので、研究協議会などの場でも、ICT端末を使って先生方が閲覧しながら発言できるようになります。このような点もICT活用のメリットでしょう。

3 ICTを有効活用するために押さえておきたいこと

ICTのもつ機能を十全に引き出すには、使う側に一定程度のスキルが必要です。また、校内研究 (特に研究協議会) の場で有効活用するには、協議の助けになるようなフォーマットを用意しておく必要もあります。

また、セキュリティに関しては、これまでとは比較にならないほどリスクが高まったと感じています。端末一つで情報を容易に引き出せるようになったことで、教室にいる間なども子どもの目に触れないようにしたり、個人情報が流出したりしないようにする明確な手だても必要です。

こうした点については、校内研究関連に限ったことではなく、すべての面で全教員が徹底する必要があります。

〈参考文献〉
・ベネッセ教育総合研究所　https://benesse.jp/programming/article10.html
・NECフィールディング　https://www.fielding.co.jp/service/industry/school/column/202007_01/
・パナソニック　https://panasonic.co.jp/ew/pewnw/solution/column/network/044.html
(最終アクセス：2024年８月26日)

3つの型で研究便りをつくる

❶ 直感的にわかりやすい研究便りにする。

❷ どの型でも研究主題を最上段に明記して、常に意識できるようにする。

❸ A４版１枚で短文、３分以内に読み終えるようにする。

1 研究便りの３つの型

研究便りを作成するに当たっては、次に挙げる3つの型を意識しています。

①「研究授業」を題材する型
②「研究全体会」を題材にする型
③「ICT活用や他教科への広がり」を題材にする型

最初に述べておきたいのは、いずれの型であっても、最上段には必ず研究主題を明記していることです。

では、3つの型ごとに研究便りのつくり方を示していきましょう。

2 ３つの型ごとの研究便りのつくり方

1 「研究授業」を題材にする型

この型に該当する研究便りが、第２章で掲載している資料９です。

研究主題の下の「つなぐ『社会との関わりを多角的に考えるには』」

は、その号のタイトルです。「飲料水の供給」単元（4年）の研究授業で、「子どもたちが社会の課題を把握できるようにする」ことを提案する研究授業だったことから、このタイトルを付けています。また、本時の板書を載せることで、授業の全体像を視覚化するようにしています。

研究授業を題材にした場合には、研究主任として自分が学んだことのなかから、特に先生方に意識してほしいと感じたことを3つか4つ程度に絞ってまとめます。本号では、「多様な考えを引き出す資料」「トゥールミンモデル」「シンキングツールなどの構造化」をピックアップしています。

事細かく説明するのではなく、研究授業の概略と授業者の提案内容や意図をコンパクトにまとめることで、成果や課題などを伝えながらも、余計なバイアスをかけないようにします。書き込みすぎると、つい自分の主張が前面に出てしまい、次に研究授業を行うことが予定されている学年（分科会）の自由な発想を狭めてしまうこともあるからです。

2 「研究全体会」を題材にする型

この型に該当する研究便りが、次頁の**資料12**です。

本号のタイトルは「自らの学習を『創る』←学習方略を子どもたちが身に付ける」としています。この「学習方略」というパワーワードが、代沢小のその後の校内研究を大きく左右するのではないかという考えから、このタイトルを付けています。

左側には、研究全体会の様子がわかる写真を配置しています。これは、日々、忙しくされている先生方が手に取った瞬間に、「今度は何を題材とした研究便りなのか」が直感的にわかるようにするためです。そうするだけでも、読んでみようという気持ちをもってもらいやすくなります。

また、このときは、研究全体会の様子がわかる写真にしていますが、授業者が話している様子や指導講評の様子など、そのときどきの研究全体会を象徴しているような写真を選ぶようにしています。

中段には、グループ協議の内容をまとめつつ、その内容に紐付けて講

資料12

校内研究だより

自分から学習を『創る』子どもの育成
ー個に応じた学習過程を重視してー

2024年６月12日（水）２号　研究主任　横田　富信

【自らの学習を『創る』
↑学習方略を子どもたちが身に付ける】　　**研究全体会**

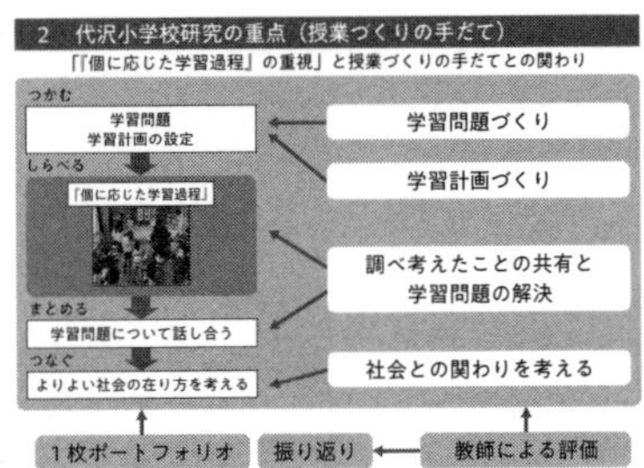

６月12日（水）の研究全体会ありがとうございました。５月に４年○○先生が「問いの順序選択」の実践を公開してくださり、それも踏まえたグループ協議ができました。

低学年（生活科）からは「『やってみたい』という意欲を大切にすること」、中学年・高学年（社会科）からは、「子ども同士で考えを深めていくための手だて」「問題意識をしっかりともって社会科の問題解決に取り組むこと」に着目していくことなどが発表されました。○○先生からいくつかのご教示もいただきました。まずは6/29（土）、そして２学期以降の実践で子どもたちが力を発揮できるよう、よろしくお願いいたします。

【講師の先生より】

①考えを深める問いは重要。子ども任せでなく、教師が整える必要がある。

②対話を深めていくためには、I think～という結論だけではなく、becauseを豊かに検討することが必要。

③メタ認知を高めることと関連して、「なぜ失敗したか」を考えさせる（教訓機能）場を大切にする。

師による指導講評のポイントを3つ程度に絞り、箇条書きで載せるようにしています。

3 「ICT活用や他教科への広がり」を題材にする型

この型に該当する研究便りが、次頁の資料13、14です。

ロイロノートは、工夫次第でさまざまな活用法が考えられるツールですが、ちょうど6年生が、研究教科以外の授業で上手に活用していたのを見かけたので先生方に紹介することにしました（資料13）。

これは、次の研究授業を検討し合う際のヒントの一つとしてもらうためです。そこで、子どもたちが実際に行った活動を大きく配置し、どのような活用法だったのかイメージを湧きやすくしています。

また、音楽専科教員が、社会科（研究教科）で進めている「単元内自由進度」を音楽科でも実践するというので授業を見に行ってまとめたのが資料14の研究便りです。

こうした先生方の授業の情報の源は、職員室での立ち話です。日々の何気ない実践にも、他の先生にとって有用なアイディアが潜んでいるものです。こうした取組は、オフィシャルな場では披瀝されることがありません。そこで、授業や子どもたちについて交わされる先生方との雑談を大切にしています。

3 読み手を意識して作成する

研究主任としての熱い思いを伝えつつも、「読み手に負担を感じさせない」ことが重要です。そのための方法の一つとして、研究便りは必ずA４版１枚に収め、３分程度で読み終わる文字量にします（加えて、１文を短くすることにも努めています）。

資料13

校内研究だより（ICT編）

社会とつながり未来を創る子供の育成

2023年６月14日（水）７号　研究主任　横田　富信

共有ノートの活用（ロイロノート）

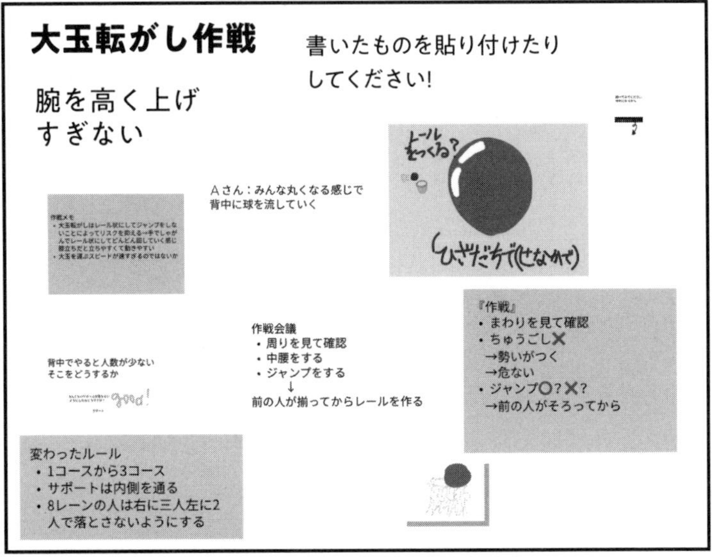

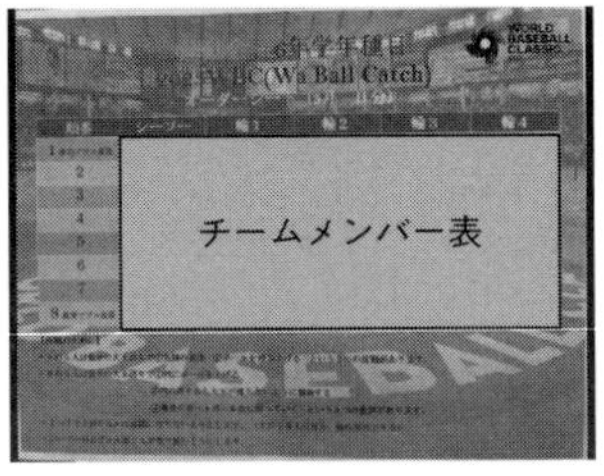

日がたってしまいましたが、運動会、どの競技も見応えがありました。６年生のWBC、子どもたちがチームワークよく取り組んでいる姿が印象的でした。

６年生の先生にお聞きしたところ、ロイロノートの「共有ノート」を使い、学級をまたいで作戦を考えさせたそうです。考えたことを集約し、整理することに役立っていることを感じました。学校行事の興味深い活用方法だと思います。ロイロノートの活用の幅がどんどん広がっています。

資料14

校内研究だより

社会とつながり未来を創る子供の育成

2023年12月15日（金）14号　研究主任　横田　富信

【４年音楽　音楽でのAgencyの発揮！】
４年「茶色の小びん」（個に応じた学習過程を重視）

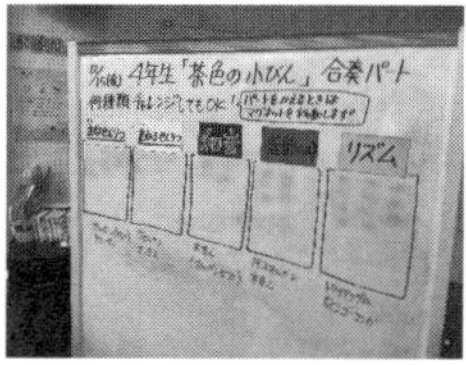

B先生が音楽の授業で代沢スタディ・スタイルの「個に応じた学習過程」を重視して学習を進めていらっしゃるとのことで、授業参観しました。

４年生の合奏「茶色のこびん」の授業でした。従来であれば、主旋律を全員で演奏し、楽器の希望を取り合奏に取り組むことが多い題材だそうです。しかし、○○先生は「個に応じた学習過程」を重視し、担当楽器を選ぶのではなく、曲の中での役割を選ぶようにさせていました。

例えば、今回の合奏では「主な旋律」「重ねる旋律」「和音」「低音」「リズム」といった具合に、曲の構成要素を意識させ、その中から子どもたちが３時間の中で自分で課題を選び、取り組むという形にされていました。

「それぞれの要素を上手に演奏する」という目的に向かい、協力して練習する姿が多く見られました。早く演奏ができるようになった子は苦労している子のサポートをしていました。また、同じグループでアレンジを工夫している姿もありました。

全小社東京大会では社会科・生活科を中心として進めてきた子のスタイルが、他教科にも応用できるものだと感じています。ありがとうございました。

第3章
研究主任の仕事を充実する具体策を知る

個別最適な学びと協働的な学びを一体的に充実する学習環境をつくる

❶ 適切な教室環境は学習経験の充実や発展を促す。
❷ 学習環境は掲示物や座席配置など多方面から整備する。
❸ 学習環境は試行錯誤しながら随時更新する。

1 学習（教室）環境と校内研究をつなげる

「教室環境」は、『小学校教育用語辞典』によると、次のように説明されています。

・教室環境とは、掲示物や机の配置、子どもや教師自身も要素となる。
・学習経験の充実や発展を促す環境として機能しているかどうかが重要である。

本節では、教室環境のうち、子どもたちが主体的に学習に取り組む態度を身に付けることに資するだろう単元内自由進度学習における「学習環境」の整備について考えていきます。

2 学習環境をつくる視点

1 掲示物、備品

教室掲示は学習の経過を示したり、学び方を示したりすることに利用されますが、代沢小は「話し合い言葉」を掲示しています（前の節で示した資料9）。

子どもたちの学びが深まるには、協働的に学ぶことが欠かせませんが、何をどうすれば協働的に学んでいることになるのか、教員はもとより子どもたちが理解し、その方法を身に付けていればこそ充実します。

また、協働的な学びは、学級全体やペア、グループで話し合う場面だけでなく、「個別追究」を進めている際にも重要です。教室内を歩き回り、さまざまなクラスメイトと交わした意見や考えをよりどころとして、ときに新しいアイディアを見いだしたり、ときにやり直したりすることが、学習の自己調整につながるからです。つまり、他者との対話があってこそ充実するのが個別最適な学びなのです。

こうした協働的な学びを充実するためのツールの一つとしているのが、「話し合い言葉」です。これは、学級開きに、子どもたちと話し合いながら作成しています。

「授業ラベル」（前の節で示した資料8）は、直接的には社会科の学習展開に関わるものですが、他教科等にも応用可能なので、これをどの学級でも黒板掲示とすることで、授業展開に関する先生方と子どもたちの共通理解を図ることを意図しています。

ほかにも、ホワイトボードを活用しています。これはタブレット端末の活用と並行して利用しています。記録に残したり共同編集したりする際にはICTに軍配が上がりますが、フリーハンドで線や矢印を引いたり、思い付いたキーワードを記したり消したりする作業を繰り返す学習場面では、ホワイトボードのほうが効果が高いからです。

2　個別追究を行う際の板書の構成

板書もまた大切な学習環境です。殊に「個別追究」を行う場合には、従来の考え方にとらわれることなく、板書のあり方を検討する必要があります。従来の一斉学習（学級全体で話し合う学習）スタイルとは異なり、子どもたちの発言を整理する板書にはできないからです。そこで、代沢

資料15　Agencyを意識した板書（拙著より転載）

小ではその試みの一つとして、資料15のように「子どもたちが自分の学習の進捗を示す場」を示す板書となるように構成しています（この様式は、本校の山本剛己先生がベースを開発）。

3　座席の配置

資料16　座席の配置（拙著より転載）

子どもたち一人一人の「個別追究」がそれぞれに充実するには、子どもたちが自由に教室内を動き回れる必要があります。

この点を考慮し、「全員が前を向いている」、あるいは学級活動でよくとられているような「コの字にする」といった固定形にするのではなく、（自分で黙々と進めたい、ペアで情報交換したい、自分の「まとめ」を検討してもらいたいなど）子どもたちが自分の学びのニーズに基づいて自由に変えられるよう流動的にしています（資料16）。そのため、学習の進行具合によっても、学級によっても座席の配置が異なります。

4 タブレット端末環境

資料17はロイロノートの「資料箱」です。このスペースを活用し、学習で使用する資料などをすべてクラウド上にアップロードしておけば、一括管理できるだけでなく、子どもたちが必要なときに即座に閲覧できるようになります。

一人一台端末導入以前は、教室内に保管場所をいくつも設けたり、それでも足りないときには廊下や空き教室なども使ったりしていましたが、いまやその必要は一切なくなりました。

資料17　ロイロ資料箱

3 学習環境は、随時更新する

代沢小において目指す学習環境は、幼児教育などで盛んに行われている「環境構成の工夫」に近いもので、その環境が子どもたちの意欲を高め自ら学習に没頭できるようにする仕掛けです。

何が功を奏するかはわからないので、今もなおさまざまな実験を繰り返しながらの試行錯誤です。また、ある年にうまくいったからといって、次の年もうまくいくとは限りません。そのため、柔軟な思考で随時更新していくことが大切だと考えています。

〈参考文献〉

・拙著『子どもの自己調整スキルを磨く―個別最適な学びと協働的な学びを根底から支える』東洋館出版社、2024年
・細尾萌子、柏木智子編集『小学校教育用語辞典』ミネルヴァ書房、2021年

必要な階段を踏みながら「成果と課題」を整理する

❶ 段階を踏みながら「成果と課題」をまとめていく。

❷ 各学年（分科会）の実践を表にまとめ、それぞれが見いだした「成果と課題」を比較できるようにする。

❸ 統計分析の手法を用いてより調査結果の精度を高める。

校内研究の最後には、研究を通して見いだした「成果と課題」を明らかにしなければなりませんが、例えば紀要などにどう文章化すればよいかなど、表現の仕方について悩む方もいることでしょう。そこで本節では、経堂小と代沢小の研究紀要を例にしつつ、どのようにして「成果と課題」を整理し、表現すればよいかについて紹介します。

1 段階を踏みながら「成果と課題」をまとめる

大まかには、「各学年（分科会）の実践」→「全体の成果と課題」という段階を踏みます。

1 各学級（分科会）の実践における「成果と課題」

資料18は研究授業の実践記録です。

６年生の子どもたちがどのような学習をしたのかが伝わるよう、板書や子どもの発言や記述を軸にしながら、吹き出しなどを活用して授業者（や学年）の解説を入れるとともに、下段に、子どもの「単元の振り返り」を掲載し、学習を通じて子どもが自分の考えを広げ深めようとしている

資料18　実践記録（経堂小：６年憲法単元）

第６・７時　国会、内閣、裁判所にはどのような役割があるのだろうか。

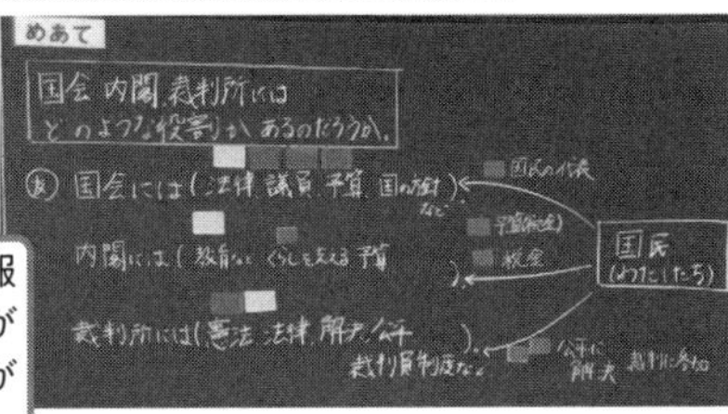

グループで分担して調べさせたことで、情報共有する必然性が生まれ、資料を活用しながら分かりやすく説明する意識をもたせることができた。

第８・９時　学習問題について話し合い、考えをまとめよう。

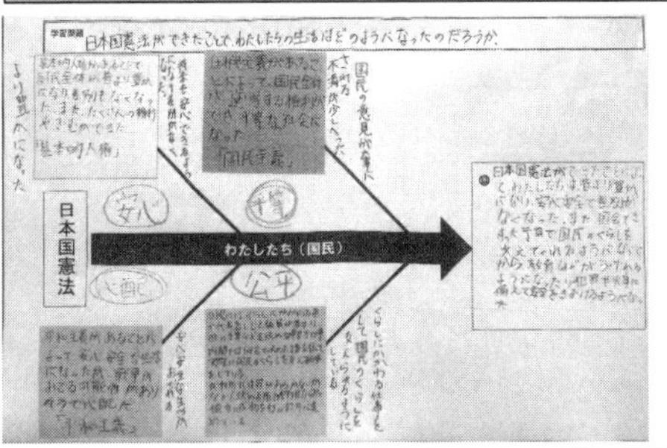

調べたことをカード化し、図に整理しながら、国民生活との関連を考えさせた。日本国憲法の三原則や国の仕組み（国会、内閣、裁判所）がよりよい国民生活に重要な役割を果たしていることに気付くことができた。

第10時　憲法改正の時、「どちらとも言えない」「分からない」と言っている人たちは投票に行った方がよいか。行かない方がよいか。

憲法改正の国民投票への関わり方について、立場を明確にして議論させたことによって、既習を活用しながら国民としての役割や責任に気付くことができた。

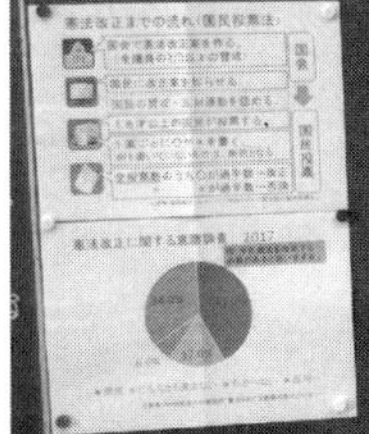

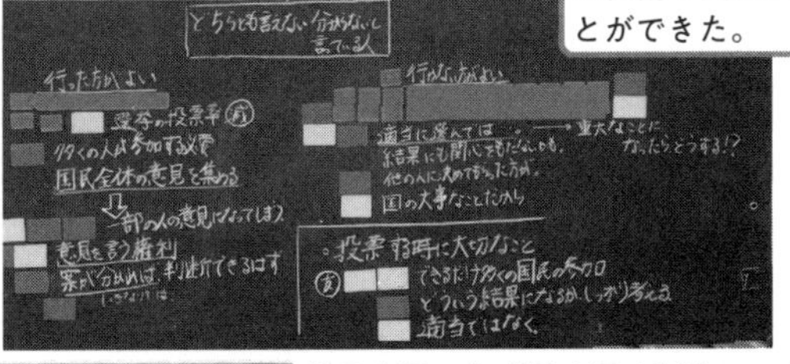

【学習の振り返り】
学ぶ態度　※◎・○・▲を意識して振り返りを書こう。

単元を通した「振り返り記述シート」

振り返りの視点として「めあてや学習問題への意識」「自分との生活との関わり」などを提示したことで、自ら考えを広げ深めようとする意識が見られるようになった。

資料19　研究協議会の協議記録（経堂小：6年憲法単元）

9　協議会の記録
【研究協議】
①学び合いの手だてについて
・「本時のめあて」が明確だった。既習に目を向けながら、自分の主張をすることができていた。
・「本時のめあて」は議論になる形ではあったが、本時のまとめにつながっていないのではないか。
②振り返りの手だてについて
・ルーブリックを示すことで、自分の考えを深めようとしていた。しかし、教師が作ったものを提示することはいつまで続けていくのかは考える必要があるのではないか。
・「本時のまとめ」とルーブリックに書かせた振り返りが似たようなものになってしまっている。単元の総括になるように振り返りを書かせてもよいのではないか。
【指導・講評】
○「学び合い」について
・今回のような議論型のめあて（「問い」）は、子どもがこれまでの学習を基にしながら自分の主張をすることにつながるものである。本時の問いをもたせる際には、「『どちらとも言えない』『分からない』と言っている人について、みんなはどう感じる？」などの声掛けをして、問題意識をもたせたい。
・議論型のめあて（「問い」）は、本時では仮の問いである。本当に考えさせたい真の問い（例「国民投票で国民が考えなくてはいけないことは何か？」）を明確にすることで、子どもの考えがより深まっていく。
○「振り返り」について
・「振り返り」では、何について振り返らせるのかが重要である。今回の実践では学習内容について振り返ることが中心になっているが、学習活動や見通しのもち方について振り返ることも考えられる。単元の導入段階では見通し、展開段階では学習活動、終末段階では学習内容や自分とのつながりなどについて振り返ることで、子どもの力を多面的に捉えることができる。
・ルーブリックを提示することは、自己学習力の向上につながる。一方で、子どもの思考を限定してしまうなどのミスリードになる可能性もある。どのような言葉を提示するのかは、大変重要である。
10　成果と課題
（1）学び合いの手だてについて
①つかむ
・日本国憲法ができた当時の人々の思いを吹き出しに書いて話し合わせたことで、現在の日本につながる憲法の価値に着目するようになった。このことによって、学級全体で、憲法と現在の国民生活との関わりについての問題意識をもつことができた。
②調べる
・「話合い言葉」を意識させたことで、友達の考えを踏まえつつ意見を集約する姿が見られるようになった。
・友達の考えと対比しながら、論点や根拠を意識できるようにしていきたい。
③まとめる・いかす
・時間的な視点（憲法が長い間用いられていること）を踏まえて、憲法の意味や価値を考えることができた。
・根拠に着目させた話し合いを展開したことで、子供同士が意見交流をする価値を感じながら学習に取り組むことができた。正解や不正解がないので、自信をもって発言できていた。
（2）振り返りの手だてについて
・視点（例：「18歳になったとき」、勉強をどう生かしますか？）を示したことで、振り返りの質を高めることにつながった。
・内容理解による振り返りが多くなってしまった。学習活動を振り返る視点ももたせることで、学び方を向上させることにつながると考えられる。例えば、討論について振り返ることは、理由に着目することの大切さを感じることができる。

様子を記述しています。

それに対して**資料19**は、**資料18**の研究授業後に行った研究協議会の協議記録です。

研究の２つの柱（「学び合いの充実」「振り返りの充実」）の観点から、授業者（や学年）が「成果と課題」を考察します。「成果」については、「子どもの姿」を根拠として「手だての効果」を検証するという手続きをとっています。「課題」についても同様の手続きを踏みますが、協議内容や指導講評で示された「改善の視点」を踏まえて記述することがポイントです。

2 校内研究全体の「成果と課題」

①各学年（分科会）の実践を表に集約する

校内研究全体を見通すために、研究内容の２つの柱に分けて各学年（分科会）の実践を表組みにしてます（**次頁の資料20**）。

表作成の意図は次の２点です。

・読み手への伝わりやすさを高める：各学年の実践を詳細に読む前に、どのような「成果と課題」があったのかを大まかに把握する。

・各学年（分科会）の実践内容を比較しやすくする：表にすることで実践内容が要約され、視点を揃えて見ることができる。

②手だての効果を考察する（表の縦軸）

まずは各学年（分科会）ごとに見ていきます。「共通して見られる成果は何か」「発達段階として、工夫の仕方に階層は見られるか」という視点に基づいて文章化しています。

③手だて同士の関連に着目して成果を考察する（表の横軸）

手だて同士の関連を見ていきます。ここでは、それぞれの手だてにどのような効果があったのかを見いだすとともに、研究の２つの柱である「学び合いの充実」と「振り返りの充実」の双方にどれだけのシナジー

資料20

III 成果と課題

1 成果

（1）各実践でのまとめより

学年	教科	学び合いの充実	振り返りの充実
1年	国語科	○「おはなしのとびらカードを紹介しよう」を単元の終末に設定し、ありがとうシールを渡しながら交流することで学び合いの意欲を継続させることができた。	○振り返りの記号を星のマークにし、自己評価の判断基準としてありがとうシールの数を設定したことが、1年生にとって、とても分かりやすかった。
2年	国語科	○サイドラインを色分けしたことで、学び合うときの視点を明確にもたせることができた。ワークシートを見せ合いながら、色が違うところについて質問し合うなど学ぼうとする意欲が高まった。	○振り返りの記号を星のマークにしたことで、どの子どもも時間がかからず、学習のめあても意識することができる場になった。
3年	社会科	○前時の学習で生まれた疑問を基に次時の学習を進めることで、意欲的に課題を追究していく姿が見られた。 ○前小単元と同じ学習過程で進めるとともに、学習資料も同じ形式で提示することで、子どもが安心し、見通しをもって学習に取り組むことができ、資料の読み取り技能にも高まりが見られた。スムーズに調べることができたため、発表し合ったり、話し合ったりする学び合いに深まりが見られた。	○友達の気付きや考えのよさを振り返らせ、伝え合わせたことで、子どもが互いに認め合い、自己肯定感が高まったり、学習意欲の向上につながったりした。 ○学習の始まりに、前時の振り返りや疑問点を全体で共有することで、課題追究への意欲の高まりが見られた。
4年	社会科	○「45年前の東京の路上等の様子を知ることで、現在、町がきれいなのはなぜなのか」のように、具体的で分かりやすい資料を提示することで、意欲的に予想することができ、班での話合いも活発にできた。話合い後には、班で出た考えを短冊に書き、黒板に貼っていったことで、全員の考えを共有することができた。そして、学級全体で、自分たちが出すごみの行方について興味や問題意識をもつことができた。	○つかむ、調べる まとめる・いかすの3つの区切られた終末に既習事項を振り返り、ごみの処理やごみを出すことついて自分の考えをもたせることにより、学習の理解を深め、学習問題についての考えやごみの減量化に対する問題意識をもつようになっていった。また、そのつど友達と伝え合うことで、考えを広げたり深めたりすることができた。
5年	社会科	○調べる段階では、各単位時間の導入時に、学習計画に沿った課題を追加提示することで、追究意欲を継続できるようになった。課題意識をもって追究したことで、話合いがより充実したものとなった。	○調べ学習では、本時に分かったことを振り返り、各時間での学びを端的にカードにまとめるようにしたことで、まとめの段階で今までの調べ学習での学びを一覧でき、知識を系統立ててつなげていくことができた。

資料21　調査項目

4　意識調査から見る成果

意識調査（R4.11～R5.7）

②友達と**協力**していますか。

③友達にアドバイスをしていますか。

⑤自分の**考えをまとめる**ことはできますか。　R5.7で向上

⑦「ほかにも同じことはあるのかな。」と思うことはありますか。

⑨一人一人が（個に応じた学習過程）資料を選んだり友達と話し合ったりする進め方は自分にあっていますか。

資料22

意識調査アンケート結果の相互関連を分析したところ、
「個に応じた学習過程」と次に挙げる４つに相関が見られた。

●１つ目は「友達の協力」。
●２つ目は「友達にアドバイスをしている」こと。
→この２つは協働的に学ぼうとする態度に関わるものである。

●３つ目は、「問いについて自分の考えをまとめている」こと。
●４つ目は「ほかにも同じことあるか」と考えていること。
→これは、自ら学習を広げようとする態度とも言える。

以上の４つは「個に応じた学習過程」を取り入れたこととの結び付きがよく表れていました。

があったか、またそれによってどれだけ「目指す子ども像」に迫れたかを検証し、校内研究全体としての「成果と課題」を記述しています。

2　統計処理にチャレンジしてみる

資料21は、子どもを対象として行ったアンケートの調査項目です。この意識調査は時期を変えながら３回実施し、集積したデータを分析した結果の概略が資料22です。

数値データを使ってグラフ化する手法も有効ですが、定量的な分析は全体傾向を見いだす際には有効であるものの、質問項目ごとの回答間の相関関係を見いだすといった分析には向きません。

そこで代沢小では、異なるグループの平均値の違いを比較するために「分散分析」という手法を用いています。加えて、散布図や相関係数をもとにして、２変数の関係を調べる「相関分析」なども併用しています。

このように統計的に有意に見られた分析結果は、「子どもの具体の姿」（記述や活動の様子）を参照しながら「成果と課題」を見いだす際の基礎資料の一つとなります。

間違いのない校内研究にするために管理職との連携を密にする

❶ 研究主任は管理職との連携を密にし、校内研究を進める。

❷ 管理職や研究主任の法的根拠を知っておく。

❸ 「報告・連絡・相談」に加え、「依頼」「意向」の視点をもって連携する。

1 校内研究に係る管理職の職務

管理職（校長、副校長、教頭）が担わなければならない職務は多岐にわたります。授業を除くすべてといって過言ではありません（教頭などは、臨時に授業を受けもつこともあります）。その法的根拠は以下のとおりです。

〈学校教育法第37条（関連事項のみ抜粋）〉

④校長は、校務をつかさどり、所属職員を監督する。

⑤副校長は、校長を助け、命を受けて校務をつかさどる。

⑦教頭は、校長（副校長を置く小学校にあつては、校長及び副校長）を助け、校務を整理し、及び必要に応じ児童の教育をつかさどる。

教育課程関連であれば、学習指導要領に定めがあります。

各学校においては、教育基本法及び学校教育法その他の法令並びにこの章以下に示すところに従い、児童の人間として調和のとれた育成を目指し、児童の心身の発達の段階や特性及び学校や地域の実態を十分考慮して、適切な教育課程を編成するものとし、これらに掲げる目標を達成するよう教育を行うものとする。（小学校学習指導要領第１章総則第１、下線は筆者）

ここでいう「各学校」とは「各校長」を差し、本規定は教育課程編成権（校長の職務権限）を定めるものとされています。関係規定はこれだけではありませんが、学校教育におけるすべての教育活動は、教員によるいかなる提案であっても、必ず管理職による決裁を得なければならないということです。このうち、校内研究に関わることは、主に次の３点です。

・学校教育目標の実現を目指す。
・教員一人一人の力量形成を図る。
・教育施策の理解を深める。

研究主任は、上記３点を遂行するために分掌されたプレイングマネージャーであるという位置付けです。法的には「校長の監督を受け、研修計画の立案その他の研修に関する事項について連絡調整及び指導、助言に当たる」（学校教育法施行規則第45条の２）とされています。

これは、「小学校等の校長及び教員としての資質の向上に関する指標」が策定されたことを受けて2022年に新設された「研修主事」の規定ですが、（2022年以前は同規則第47条に規定する「必要に応じて置く」とされてきた）研究主任を学校に置く根拠規定だと読み替えてよいと思います。

こうした法的観点から鑑みても、研究主任は校長の監督のもとで（連携して）職務を遂行することが義務付けられているわけです。

2 「報告・連絡・相談」「依頼」「意向」で連携する

1 報告・連絡・相談

①研究主題・研究理論

学校経営方針においては、教育目標のもとに学校として目指す子どもの姿が掲げられています。そのため、研究主題においても、この「教育目標」と「目指す子どもの姿」にリンクしている必要があります。

学校経営方針は校長が示すものですから、先生方と協働しながら研究主題をつくるといっても、その方向性や研究理論の枠組みについて、校長としっかりすり合わせを行い、共通理解を図ります。

こうした手続きを経るのは組織的に対応するためですが、それだけでなく、管理職がこれまでに培ってきた見識に基づき、より俯瞰的な視点から可能性や課題を指摘してもらうためです。

また、研究便りや研究紀要などの校内研究の成果物、外部（地域・家庭・他校）へ発信する資料などについても目を通してもらい、意見を求めます。

2　依頼

①教育委員会との連携

どのような研究であっても、大なり小なり教育委員会との連携が必要になりますが、殊に、自治体（や国）から研究指定を受け、研究発表会が予定されている場合には、特に重要になります。

外に向けた研究成果は、公式見解を発信するのと同義です。教育委員会の意向と食い違いがあれば、「その研究は学校の独りよがりなのではないか」などといった批判を受けかねません。

また、そういった食い違いに限らず、学習指導要領を適切に解釈できているか、高度な内容や方法になりすぎていないか、教材の取り上げ方に偏りがないかなど、さまざまな留意点があります。

こうした事柄については、指導主事の定期訪問の際に、研究主任が直接説明することもあるでしょうが、その機会はけっして多くはないので、管理職を介して適宜情報伝達してもらうようにします。そのための説明資料を作成するのも研究主任としての大切な仕事です。

②講師の交渉

研究指定を受けていないときなど、あえて講師を招聘せずに校内の先生方で研究を進めることもありますが、研究主題に迫るうえで適切な講師を招くことができれば、研究の確度が格段に向上することもまた事実です。

このような講師を実際に招くには、出張依頼や交通費、講師料などを考慮する必要があることはもちろんのこと、「誰に来校いただくか」が重要です。ぜひ管理職のもつ人脈を活用してもらいながら派遣の手続きを進められるとよいでしょう。

3 意向

①教員の実態把握

管理職は、授業観察や面談を通して、教員の適性や得意分野などを把握しています。研究主題設定や研究理論づくりとも関わることですが、適材適所を得るためにも、管理職のもつ情報のうち、当該教員の進退に関わること以外の情報を上手にもらいながら、そのつど管理職がどのような意向をもっているかを確認することも重要です。これは年度当初だけでなく、通年で行えるようにしておき、年度の途中であっても柔軟に研究組織を変更できる態勢をつくっておきます。

②教員の育成

管理職は、授業力向上をはじめとして、所属職員にどのような経験を積ませることが力量形成につながるのかを考えながら分掌しています。こうした管理職の意向を把握しつつ、校内研究の場ではどのような場を設けられるかを考えて提案することも、研究主任としての大切な役割だと言えるでしょう。

〈参考文献〉
・細尾萌子、柏木智子編集『小学校教育用語辞典』ミネルヴァ書房、2021年

研究発表会当日に向けて効率よく準備作業を進める

❶ 準備作業を分担し、効率よく進められるようにする。

❷ 掲示物などのフォーマットを用意し、各学級担任が授業づくりに専念できるようにする。

❸ 研究主任は直観的にわかりやすいプレゼン資料を作成する

1 全員で分担すること、研究主任して進めること

本節では、研究発表会に向けて、研究主任を含め、教員一人一人がどのような分担で準備を進めていけばよいか、加えて研究発表会当日のプレゼンテーションや授業づくりについて述べていきます。

2 研究発表会に向けて必要な作業

資料23は、全国大会プレ発表会に向けて代沢小が行った準備作業の一覧です。「配付資料作成」「全体会会場設営」などの大項目を設定し、それぞれに下位項目として具体的な作業を書き出して担当教員を割り当てています。

書き出す際には、例えば「指定された時間に会場に着き、受付を済ませ、授業会場の教室に行き…」といったように、当日参加者がどのような動きをするのかを想像しながら、そのために必要なことは何か、どのような動線であれば迷いなく校内を回れるかなどを考えて書き出すようにします。加えて、落ち漏れがないよう、他校が作成した作業資料を入

資料23　代沢小学校研究発表会　前日までの各係の作業一覧

役割	作業内容	担当	期日または備考
配付資料作成	・挨拶状（作成印刷）、学校要覧		2/6 15:30 封筒にすべて入れる。
	・研究紀要		
	・指導案集		
	・修正本時案		
	・参会者アンケート（作成 QRコード化）		
	・封筒作成（作成印刷）		
	・校内案内図作成・拡大掲示（パネル）		
授業会場・分科会会場準備	・授業で必要な掲示物 ・机配置・分科会提案発表準備	各学年	掲示内容は学年で統一する。
全体会会場設営（体育館）	・会場設営図・座席表（都小社運営計画参照）		
	・パイプ椅子、長机設置	全員	
	・プロジェクター、放送機器 ・授業配信準備		
駐輪場設営（校庭）	・駐輪場図　・ライン引き		
立て看板	・正門設置用立て看板作成		
放送設備関係	・全校放送確認、当日アナウンス		
チャイム	・公開授業の開始と終了		
諸表示	・各学年授業会場への案内矢印 ・全体会会場への案内矢印 ・各学年協議会場表示 ・教室人数制限表示（各学級用）		
受付	・机、名簿、表示（地区、顧問等）		
記章準備	・先生、世小研会長など		
靴カバーごみ箱・傘立て	・靴カバー ごみ箱 設置 ・傘立て計画 設置		
接待	・お茶手配		
授業写真記録	・各学級での授業風景撮影		

手し、参考にしながらチェックします。

資料23の「作業内容」の一つに「授業で必要な掲示物」を挙げていますが、これは主に、研究発表会当日の授業で子どもに既習を振り返らせたり、これまでどのように単元の授業を進めてきたのか（経過）を参観者がわかるようにする掲示です。

これらは、各学級の授業者の自由裁量に任せてもよいのですが、研究推進委員がフォーマット（次頁の資料24）を用意するのも一案です。

資料24　掲示物のフォーマット

水はどこから【つかむ】

わたしたち都民が使う水について感じたことや疑問を出し合い、学習問題をつくろう。

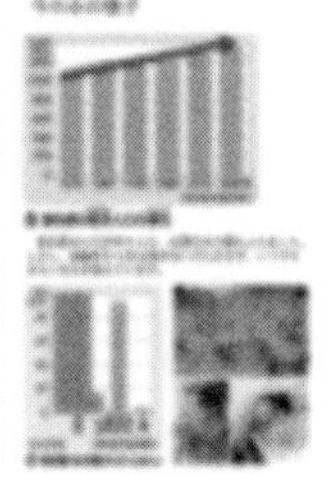

なぜ今の水はきれい？

人口が増えているのに、
なぜ今は水がたくさん使える？

誰かが何かをしている？

学習問題
わたしたち都民がきれいな水をいつでも使えるようにするために、だれがどのようなことをしているのだろうか。

学習計画
・水源林はどのような働きをしているのだろうか。
・ダムには、どのような役割があるのだろうか。
・浄水場ではどのようなことをしているのだろうか。

これは、統一感のある研究にするという意味合いもありますが、各授業者の負担の軽減につながります。フォーマットどおりに掲示物を用意してもよいし、アレンジしてもよいということにしておけば、押し付けられたといった印象をもたれずに済みます。いずれにしても、研究発表会当日に向けて授業づくりに労力を割けるよう、周辺的な作業については効率よく進められる仕組みをつくっておくとよいでしょう。

3 研究主任が行う作業～プレゼン資料（スライド）の作成

研究発表会当日の全体会では、研究主題や研究理論（仮説・手だてなど）、公開授業の意図、成果や課題についてプレゼンします。

プレゼンの構成は、およそ次のようになるでしょう。

①研究主題設定の趣旨

資料25　プレゼンシートの一部

2　代沢小学校研究の重点（子ども像）

代沢小の目指す子ども像

地域や社会、人々の働きに着目し、
自ら問いをもち、
社会的事象の見方・考え方を働かせながら、
自らの学習を振り返ったり見直したりして学び、
対話を通して考えを広げ深める子ども

①自分の成長を実感している
②協働的な学習の価値を感じている
③社会的事象への理解を深め、関わろうとしている
④自力で問題解決ができる

②研究理論（手だて）の説明
③これまでの実践の経緯
④当日授業の趣旨
⑤成果と課題

プレゼン資料（スライド）は、体育館など、大きな会場で発表することを想定し、後ろの席の参観者にも可読できるよう文字の大きさを考慮しながら、何を示しているスライドなのか、視覚的・直観的に理解できるよう文字の量や配置、表現を工夫します（資料25、と152頁掲載の資料26はプレゼンシートの一部です）。

教員の自由裁量を生かせる授業スタイルをつくる

❶ 授業スタイルづくりにあたっても単元のまとまりを意識する。

❷「揃えるところ」を明確にして、不必要に教員の自由裁量を狭めない授業スタイルにする。

❸どの教員も共通して使える「仕組み」をつくる。

1 単元のまとまりを意識する

授業というと、日々の１時間、１時間をどうつくっていくかに目が向けられがちですが（もちろんそれも大切なことなのですが）、何よりも単元や題材に着目し、単元全体の内容や時間のまとまりを通して子どもたちの資質・能力を育成するという視点で授業をつくることが必要です（道徳のように単元のない教科の場合であっても、学期や年度を見通して１時間の授業を考える必要があると思います）。

以下は、学習指導要領の「総則」からの引用です。

ア　各教科等の指導内容については、(1)のアを踏まえつつ、単元や題材など内容や時間のまとまりを見通しながら、そのまとめ方や重点の置き方に適切な工夫を加え、第３の１に示す主体的・対話的で深い学びの実現に向けた授業改善を通して資質・能力を育む効果的な指導ができるようにすること。（下線は筆者）

これは総則の規定ですから、どの教科等においても重視すべき指導の視点ですが、「小学校学習指導要領解説　社会編」においても、次のように解説されています。

1回1回の授業で全ての学びが実現されるものではなく、単元や題材など内容や時間のまとまりの中で、学習を見通し振り返る場面をどこに設定するか、グループなどで対話する場面をどこに設定するか、児童生徒が考える場面と教師が教える場面をどのように組み立てるかを考え、実現を図っていくものであること。（下線は筆者）

こうした諸規定からもわかるように、1時間単位で授業づくりを考えるのではなく、単元という大きな枠組みで考える必要があります。これは、「学校としての授業スタイル」を考える場合にも重要です。各教科等ごとの特質を踏まえることはもちろんですが、校内研究は1時間限りの研究授業を成功させるために行うわけではないですし、「学校としての授業スタイル」が確立されていなければ、学校全体としての「成果と課題」を見いだせなくなるからです。

ただ、研究主任としては悩ましいところで、統一した授業スタイルが、教員の自由裁量を不必要に狭めてしまうことがあれば、教員一人一人が個性を発揮できなくなり、閉塞感の漂う授業研究にしてしまうからです。

こうしたことから、学校としての授業スタイルをつくるに当たっては、教員一人一人が個性を発揮できる余地をつくることが必要です。

2 教員が個性を発揮できる授業スタイル

1 「思考力」に着目した授業スタイルづくり

経堂小の校内研究では「論理的思考力」に着目し、「国語科の要素を社会科に活かす」ことを授業づくりの基本的な考えに据えていました（2016年度）。

資料26　プレゼンシートの一部

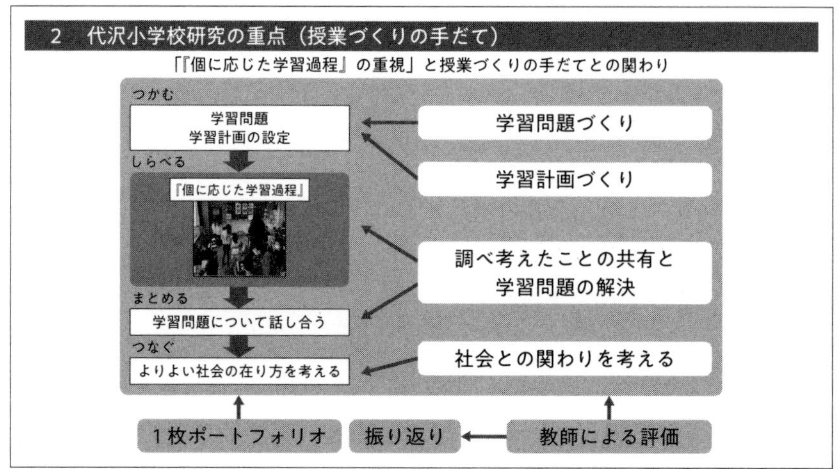

この研究における社会科の（1時間の）授業展開は、教科書をベースとしたオーソドックスな展開です。この点を考慮し、「1時間の展開」を「揃えるところ」としています。

具体的には、「導入部では問いをつかむ、展開部では情報収集し問いについて話し合う、終末部では問いについてまとめる」という授業展開の各部で、国語の「読む・話す聞く・書く」の学びを活かすことを、すべての学級の共通事項として揃えることにし、それ以外の要素（資料、ICT活用など）は各授業者の裁量に委ねたわけです。

2　「態度」に着目した授業スタイルづくり

もう一つ経堂小の事例を紹介します。2018年度の校内研究は「『学び合い』と『振り返り』の充実を通して『自己効力感』を高められるようにすること」に着目し、「学び合いを通して集団へ貢献できるようなる」「学習活動を振り返り、子ども自ら価値付けられるようになる」ことを授業づくりの基本的な考えに据えていました。この点を考慮し、「『学び合い』と『振り返り』を行うこと」を「揃えるところ」とし、それ以外のことについては各授業者の裁量に委ねています。

3 「単元構成」に着目した授業スタイルづくり

代沢小の校内研究では「単元内自由進度」に着目し、「社会科で、主体的に学ぶ態度を育成する」ことを授業づくりの基本的な考えに据えていました（2022、2023年度）。この点を考慮し、「単元の『展開部』を子どもに委ねること」を「揃えるところ」としています（資料26）。

具体的には、「単元内の各段階（つかむ・しらべる・まとめる・つなぐ）の目的」と「子どもに委ねるときに使うツール（ICT、1枚ポートフォリオなど）」についてはすべての学級の共通事項として揃えることにし、例えば、「1枚ポートフォリオ」の中身などについては各授業者の裁量に委ねています。

このように、「揃えるところ」を揃え、「委ねるところ」を委ねることで、教員一人一人が創意工夫を凝らす余地が生まれ、それが巡り巡って厚みのある校内研究になるのだと思います。

3 どの教員も共通して使える「仕組み」をつくる

それともう一つ重要となるのが、どの学級でも統一された様式で子どもたちが学習を進められるようにする「仕組み」づくりです。例えば（他の節でも紹介している）「資料箱」（ロイロノートの機能）の活用などもその一つで、クラウド上にどのようなフォルダを用意しておくかなど統一化を図っておきます。加えて、授業に必要な資料づくりについても、基本となるフォーマットをつくっておけば、教員の負担軽減につながります。

〈参考文献〉

・安藤広大著『リーダーの仮面―「いちプレーヤー」から「マネジャー」に頭を切り替える思考法』ダイヤモンド社、2020年
・拙著『子どもの自己調整スキルを磨く―個別最適な学びと協働的な学びを根底から支える』東洋館出版社、横田富信

年度を越えて研究成果が生かされる校内研究にする

❶ 知識には領域固有性があり、他分野への応用がむずかしいと言われる。

❷ 研究主題の趣旨を継承することで研究を積み上げる。

❸ 単元展開を共有することで他教科へ生かすことができる。

1 「知識」には領域固有性があり、転移がむずかしい

教員としての立場から授業を見渡していると、“いま学んでいることは、先週学んだこととつながっているんだけどなぁ”などと思うことがたびたびありますが、子どもたちはそのつながりを自覚的に意識することはまずありません。常に新しいことを学習しているという認識で授業を受けています。

これは、「思考」には領域固有性があるからだと言います。この領域固有性とは、「ある思考というものは、その思考を行ったときの場面やプロセスなどと強く結び付いてしまうことから、それと同様の条件下でしか働かせられない」というものです。

認知心理学の分野では、この思考の領域固有性があることで、知識の応用（転移）が起こりにくいと言います。学習の文脈で言えば、国語の学習で学んだことを使うことによって、社会科の学習をより充実することができたとしても、子どもは使えることに気付かず、社会科はあくまでも社会科の学習として学ぼうとするといったことです。

こんなところにも既習（概念）活用のむずかしさがあるわけですが、これは子どもの学習に限ったことではありません。先生方の学びにおい

ても、似たようなことが起こり得ます。例えば、研究対象とする教科等を変えたときなどが顕著で、年度が変わるたびにイチからの研究にしてしまうわけです。

資料27

2017年度	自分の力を役立てようとする子どもの育成～学び合いと振り返りの充実～	国語科・社会科
2018年度	自分の力を役立てようとする子どもの育成～学び合いと振り返りの充実～	国語科・社会科
2019年度	自分の力を役立てようとする子どもの育成～体育科を通して～	体育科

もちろん、これまでとはまったく異なる切り口から新しい校内研究にチャレンジすることは素晴らしいことなのですが、そうした明確な意図がないままに着手してしまえば、せっかくの校内研究の成果が年度を越えて積み上がっていきません。

そこで本節ではこの点に着目し、新しく取り組む教科等での研究が充実する（年度を越えて研究成果が生かされる）校内研究の進め方について述べていきます。

2 研究主題の趣旨を継承して研究をつなぐ

1 「学び合い」「振り返り」でつなぐ

資料27は経堂小の研究主題を年度ごとに並べたもので（一部は、本章で掲載している資料1と重なります）、同一の研究主題でありながら研究対象とする教科が変わっていることが見て取れるかと思います。

2017、2018年度は、国語科と社会科で行い、この2か年で見いだした成果をもとにして、体育科で応用的に取り組んでします。そのようにできたのは、研究主題（「学び合い」と「振り返り」を通じて「自分の力を役立てようとする子どもを育成する」）がどの教科等においても通底する不易的なテーマだったからです。そのため、先生方の共通理解を図ることができましたし、教科を変えることで、その教科の特質に応じて角度を変えながら応用的に研究を積み上げていけたわけです。

資料28　単元全体を通じた段階ごとの学習内容

導入部	単元の目的（問題）意識をもつ。自分の学習計画を立てる。
展開部	学習計画に沿って、単元の課題（問題）に取り組む。
終末部	単元の課題（問題）についてまとめる。単元の学びについて振り返る。

2　単元構成の工夫を軸としてつなぐ

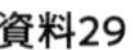
資料29

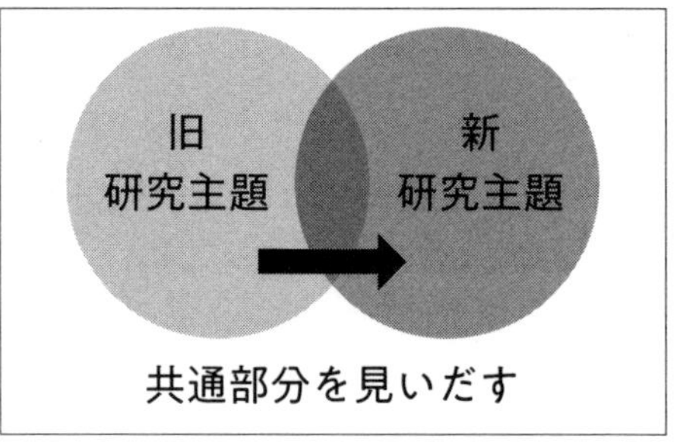

（これまで繰り返し述べてきたように）代沢小では、社会科を研究教科として「単元内自由進度」にチャレンジしたわけですが、研究発表会が終わった後も、国語科、理科、音楽科、体育科においても研究が積み上がりつつあります。

これは、**資料28**に挙げた「単元全体を通じた段階ごとの学習内容」に一定の普遍性があり、加えてこの基本的な考え方が先生方に共有されていたことで、他教科に応用することができたからだと考えられます。

研究成果を次の年度に生かしていくに当たっては、**資料29**のようなイメージをもっておくとよいと思います。端的に言えば、新しいことをイチからはじめるという考え方ではなく、前年度との共通部分を見いだしながら研究主題を検証し、手だてを考えていくということです。

このようにしていると、学校全体として行った研究を通じて得た知見をもとに、個人研究にチャレンジする教員も現れます。研究主任としては、そうした先生方の実践などにも目を向け、適切なタイミングで研究便りなどに取り上げるとよいでしょう。

〈参考文献〉

・進藤聡彦、谷口明子著『教育・学校心理学』（放送大学教材 1627）NHK出版、2020年

おわりに

どのような主任であれ、大変さが伴います。学年主任であったり教科主任であったり、学校行事の主任であったり。いずれも授業外の業務が多くなるからです。

しかし、大変なだけではありません。これら「主任」の仕事を経験すると、教員としての「視野」が広がります。今まで見えなかったことが見えるようになり、多面的・多角的に仕事ができるようになるからです。加えて私自身、「主任」を経験する以前は「自分の業務」をこなすのに精一杯でしたが、さまざまな「主任」を経験できたことで、「自分以外の誰かのため」に仕事をすることができるようになったように思います。

（第１章でも述べましたが）「立場が人を変える」という言葉があります。課せられた役目を果たすことを通して成長していけるという意味ですが、本書になぞらえれば、「研究主任に向いているから、研究主任としての仕事ができる」のではなく、「研究主任としての仕事に取り組むから、研究主任として成長していける」ということです。

本書の執筆にあたっては、世田谷区立経堂小学校・代沢小学校の校内研究での経験が多くを占めます。一緒に校内研究を進めてくださった教職員のみなさま、管理職の先生方に感謝申し上げます。たくさんのご迷惑をかけつつも、研究がよい方向に進むよう共に取り組んでくださり、この場を借りて心より感謝いたします。

最後に、本書を編集してくださった高木聡さん（東洋館出版社）に感謝します。本企画を通して、「研究主任であることとはどういうことか」「どのように遂行すればウェルビーイングを享受し合える校内研究になるのか」について深く考える機会となりました。

そして、本書をお読みくださった先生方へ。

本書が先生方の「研究主任であること」の自信につながることを願っ

ております。

令和7年3月吉日　横田　富信

横田 富信（よこた・とみのぶ）

東京都世田谷区立代沢小学校指導教諭

1979年生まれ。東京学芸大学教育学部中等教育教員養成課程社会専攻卒。2022年3月放送大学大学院にて修士（学術）の学位を取得。2022年度より現職。東京都教職員研修センターや各地区での研修会・研究会等で、小学校社会科の授業づくりや学級経営について講師を務める。国立教育政策研究所「評価規準、評価方法等の工夫改善に関する調査研究（2020年、小学校社会科）」協力者。

［主な著書］『子どもの自己調整スキルを磨く』（東洋館出版社、2024年）、『社会科が得意な先生・子どもも、苦手な先生・子どもも、授業がおもしろくてたまらなくなる本』（東洋館出版社、2022年）、『子どもが進んで学び出す　小学校社会　問題解決的な学習の支え方』（明治図書出版、2022年）、『黒子先生の見えざる指導力』（東洋館出版社、2020年）

研究主任の仕事

2025（令和7）年3月10日　初版第1刷発行

著　者：横田富信
発行者：錦織　圭之介
発行所：株式会社　東洋館出版社
〒101-0054　東京都千代田区神田錦町2-9-1
コンフォール安田ビル2階
代　表　TEL 03-6778-4343　FAX 03-5281-8091
営業部　TEL 03-6778-7278　FAX 03-5281-8092
振　替　00180-7-96823
U R L　https://www.toyokan.co.jp

装　幀　水戸部 功
本文デザイン・組版　株式会社明昌堂
印刷・製本　株式会社シナノ

ISBN978-4-491-05767-5　Printed in Japan